NOURRIR MON BÉBÉ

© **Les éditions Les Malins inc.**

info@lesmalins.ca

Éditeur: Marc-André Audet
Conception graphique et montage: Energik Communications
Photographies: Caviart
Correction/révision: Annie Talbot, Charlotte Horny, Elyse-Andrée Héroux, Corinne Danheux

Dépôt légal – Bibliothèque et Archives nationales du Québec, 2009
Dépôt légal – Bibliothèque et Archives Canada, 2009

ISBN: 978-2-89657-052-2

Imprimé au Canada

Les éditions Les Malins
5372, 3e Avenue
Montréal (Québec)
H1Y 2W5

NOURRIR MON BÉBÉ
Purée et repas pour enfants

Sandra Cohen

Les éditions Les Malins

Table des matières

Certaines des recettes présentées dans ce livre sont parfaites pour l'été alors que d'autre mettent en valeur des fruits et légumes d'automne.

Pour chaque recette, vous trouverez donc une bande de couleur indiquant quelle saison se prête le mieux à sa réalisation.

Cela ne constitue évidement qu'une suggestion!

Printemps

Été

Automne

Hiver

Introduction

Après avoir préparé quelques purées maison, vous réaliserez à quel point il est simple et facile de nourrir votre enfant avec des produits frais, en plus de profiter des fruits et légumes de saison. Le goût d'une purée faite maison ne peut se comparer à celui, plutôt fade, des petits pots commerciaux dont la durée de conservation dépasse souvent les deux ans. Ils ne sont tout de même pas à proscrire, car de temps en temps ils peuvent s'avérer pratiques.

Ce livre vous propose des recettes variées et simples pour les repas de tous les jours. Les purées faites maison contiennent un ingrédient bien spécial qui ne se retrouvera jamais dans les préparations commerciales : elles sont faites avec amour !

Les bonnes habitudes alimentaires

Les bonnes habitudes alimentaires s'acquièrent et se développent tout au long de la vie. La science de la nutrition évolue très vite et on comprend de mieux en mieux les effets exacts des composantes alimentaires sur les diverses parties de notre organisme. Cela dit, une alimentation saine est fondée sur certaines règles d'or : la variété, la modération, la fraîcheur et une attitude positive envers les aliments.

Les repas doivent se dérouler dans un environnement calme, positif et agréable. Par moments, vous aurez à puiser dans vos réserves de patience et de créativité, car votre petit bout de chou refusera peut-être de manger ou deviendra capricieux. Il s'agit généralement de moments passagers – courage ! Ce livre pourra vous aider à traverser ces périodes plus difficiles.

Jusqu'à l'âge de deux ans, l'enfant est très curieux et goûte

plus facilement des aliments différents. Profitez-en pour lui faire explorer le monde gastronomique ! Préparez-lui une variété de grains entiers cuits ou sous forme de pains et céréales, en plus des légumineuses, de légumes et de fruits. Une alimentation diversifiée est une des meilleures façons de s'assurer que votre enfant consomme tous les nutriments nécessaires à sa croissance et à sa santé.

Voici quelques idées…

Grains entiers : blé, maïs, riz, riz sauvage, avoine, épeautre, seigle, kamut, quinoa, millet, amarante, sarrasin, orge, sorgum.

Fruits et légumes du Québec

Laissez-vous tenter par les fruits et les légumes du Québec lorsque vous faites votre épicerie et cuisinez ce qu'il y a de plus frais chaque saison !

Hiver

Betterave

Canneberge

Carotte

Céleri rave

Champignon

Chou vert

Chou rouge

Échalote française

Endives

Navet

Oignon jaune

Panais

Poireau

Pomme

Pomme de terre

Rutabaga

Printemps

Asperge

Betterave

Canneberge

Carotte

Champignon

Chou vert

Chou rouge

Concombre

Endives

Épinards

Fines herbes

Laitue

Oignon jaune

Panais

Poireau

Pomme

Pomme de terre

Radis

Rhubarbe

Rutabaga

Été

Ail
Artichaut
Asperge
Aubergine
Bette à carde
Betterave
Bleuet
Brocoli
Canneberge
Carotte
Céleri
Céleri rave
Cerise de terre
Champignon
Chicorée
Chou de Bruxelles

Chou-fleur
Chou vert
Chou rouge
Concombre
Cornichon
Courge
Échalote française
Endives
Épinards
Fines herbes
Fraise
Framboise
Haricots (verts et jaunes)
Laitue
Maïs
Melon d'eau

Navet
Oignon espagnol
Oignon jaune
Panais
Poireau
Pois mange-tout
Poivron
Pomme
Pomme de terre
Radicchio
Radis
Rutabaga
Scarole
Tomate des champs
Zucchini

Automne

Ail
Aubergine
Bette à carde
Betterave
Brocoli
Canneberge
Cantaloup
Carotte
Céleri
Céleri rave
Cerise de terre
Champignon
Chicorée

Chou de Bruxelles
Chou vert
Chou rouge
Citrouille
Cornichon
Courge
Échalote française
Endives
Épinards
Fines herbes
Haricots (verts et jaunes)
Laitue
Maïs

Navet
Oignon espagnol
Oignon jaune
Panais
Poireau
Pois mange-tout
Poivron
Pomme
Pomme de terre
Radicchio
Rutabaga
Tomate des champs
Zucchini

Éléments essentiels

Voici un aperçu de certains éléments nutritifs qui favorisent la croissance et la santé de votre enfant.

Les glucides

Le corps utilise les glucides comme base pour la production d'énergie. Cette énergie sert à soutenir toutes les actions et les procédés biologiques de notre corps : régulation de la température corporelle, fonctionnement des muscles et du cerveau, mouvement, parole, respiration, digestion et bien plus.

Les glucides devraient représenter à peu près 60 % de l'alimentation d'un enfant. Les besoins quotidiens de ce dernier sont comblés par 4 portions de fruits et légumes et 3 portions de grains entiers (utilisez cette règle après 9 mois).

1 portion de glucides → ½ tranche de pain

¼ tasse de légumineuses*

¼ tasse de riz ou quinoa* cuits

⅓ tasse de pâtes

* (aussi sources de protéines)

Les glucides peuvent être divisés en deux groupes : les glucides simples et les glucides complexes. Les glucides simples ont été transformés de leur état brut en un produit plus raffiné : sucre, jus, farine blanche, confiture, gâteau, pâtes alimentaires, riz blanc. Au cours de leur transformation, plusieurs éléments nutritifs ont été éliminés, ce qui facilite leur digestion et accélère leur transformation en glucose (source d'énergie), ce dernier étant absorbé par le système sanguin. Cette absorption rapide se traduit par une augmentation instantanée de l'énergie, suivie par une baisse d'énergie tout aussi rapide. Les glucides simples sont donc généralement déconseillés.

Les glucides complexes proviennent de grains entiers, de légumes, de fruits et de légumineuses qui n'ont pas été raffinés. Leur digestion est plus longue; ils sont donc plus soutenants, puisqu'ils fournissent du glucose (source d'énergie) de façon plus équilibrée et pendant une période plus étendue. Les fibres constituent la principale différence entre les glucides simples et les glucides complexes.

Les fibres alimentaires

Les fibres alimentaires jouent deux rôles primordiaux dans une alimentation saine. Le premier, mentionné précédemment, est le ralentissement de la digestion et, par conséquent, un apport d'énergie plus régulier pour le corps. Le second est leur participation, au niveau des intestins, au processus d'élimination. Une carence en liquide et en fibres provoque des problèmes de constipation.

Jusqu'à l'âge d'un an, l'alimentation doit être moins riche en fibres, car celles-ci peuvent irriter le tractus de votre bébé. Passé cet âge, intégrez à son alimentation des grains entiers, des légumineuses, des fruits et des légumes avec la peau.

1 portion de légumes → ⅓ de tasse de soupe de légumes

2 c. à soupe de légumes (en purée ou râpés)

1 portion de fruits → ¼ de tasse de fruits

⅓ de tasse de jus de fruits (diluez-le avec la même quantité d'eau)

Sources de fibres : noix, grains entier, fruits et légumes, légumineuses, fruits secs.

Les protéines

Les protéines agissent de diverses façon sur le bien-être et le bon fonctionnement de l'organisme. Elles sont essentielles à la croissance et à la réparation des structurants squelettiques du corps, notamment les os, les cartilages, les muscles, les ligaments, les dents et les ongles. Elles participent au fonctionnement du système hormonal et sont une composante des messagers chimiques qu'utilise le système nerveux. De plus, elles peuvent être décomposées pour servir de source d'énergie en cas de besoin. Vu leurs nombreuses fonctions, il est facile de comprendre à quel point elles sont importantes au cours des périodes de croissance.

Les protéines sont décomposées en acides aminés, dont il existe 20 types. Nous n'avons cependant besoin que de 9 de ces 20 acides aminés, fournies par notre alimentation. Ces 9 acides aminés sont présents en ratios optimaux dans les protéines animales (viande, volaille, poisson, œufs, produits laitiers), et à différents degrés dans les protéines végétales (tofu, légumineuses, noix, grains entiers). Dans le cas des protéines végétales, leurs apports partiels des 9 acides aminés essentiels peut être compensé en mélangeant différentes sources de protéines végétales ou en ajoutant une petite quantité de protéines animales.

Exemples :

Option 1 : en mélangeant différentes sources de protéines végétales pour obtenir des protéines complètes :

- riz et haricots ;

- smoothie au lait de riz et lait de soya ;

- pain et beurre d'arachide ;

- quinoa et tofu.

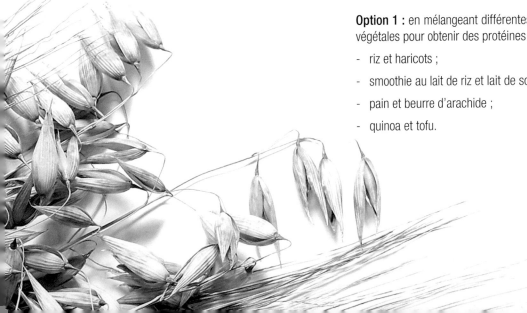

Option 2 : en ajoutant une petite quantité de protéines animales aux protéines végétales :

- bouchées de tofu au fromage ;

- couscous et lait ;

- riz avec des petits morceaux de viande ;

- pilaf de quinoa et un peu de poulet.

Les besoins de votre enfant seront comblés par 600 ml de lait, en plus d'une portion de protéines de source animale ou végétale.

1 portion de protéines → 45 g de viande, poisson, volaille ou tofu

1 petit œuf

½ tasse de lait entier

15 g de fromage

⅓ de tasse de yaourt

Les lipides

Les matières grasses font souvent l'objet de débats, de contradictions et de messages négatifs véhiculés par les médias. Il est vrai qu'une alimentation comportant des quantités excessives de gras, spécialement de gras saturé ou hydrogéné, entraîne plus de risques de développer des maladies cardiovasculaires, de l'embonpoint, du diabète et d'autres problèmes de santé. Par contre, dans l'alimentation d'un enfant, les matières grasses sont une source dense d'énergie (calories) essentielle à leur croissance. Les lipides facilitent l'absorption des vitamines liposolubles (vitamines A, D, E et K). De plus, les matières grasses sont une source d'acides gras essentiels (oméga-3 et oméga-6) et de cholestérol, un élément nécessaire au développent du cerveau et du système nerveux. Une alimentation faible en gras est fortement déconseillée durant la petite enfance, car elle peut affecter la croissance et nuire au développement.

Source d'acides gras :

Oméga-3 : poissons gras, crustacés, huile de lin.

Oméga-6 : huile de maïs, huile de tournesol (assez répandues dans l'alimentation).

Gras saturés : beurre, produits laitiers, viande et volaille.

Gras mono-insaturés : huile d'olive, huile de canola, avocat.

Gras polyinsaturés : huile de tournesol, huile de soya, huile de maïs.

Le lait maternel, les préparations pour nourrissons et les huiles insaturées sont les principales sources d'acides gras essentiels; 1 c. à thé d'huile, en plus du lait consommé, comblera les besoins quotidiens de votre enfant.

Vitamines liposolubles :

Vitamine A – bêta-carotène

Favorise la croissance des os et des dents, une peau en santé et une bonne vision. Vitamine aux propriétés antioxydantes, elle protège contre les infections et aide à maintenir un système immunitaire fort.

Sources alimentaires : courge, carotte, cantaloup, abricot, poivron rouge, jaune d'œuf, foie, produits laitiers.

Besoin : 1 portion de fruits ou de légumes colorés (jaune, orange ou rouge) et 1 portion de produits laitiers par jour.

Vitamine D

Favorise la formation et la préservation des os et des dents en conjonction avec le calcium et le phosphore. Prévient le rachitisme. Agit en concertation avec la vitamine A pour stimuler le système immunitaire.

Sources alimentaires : huile de foie de poisson, lait.

Le lait vendu dans le commerce au Canada est obligatoirement enrichi de vitamine D.

Autres sources : exposition modérée au soleil (durant les mois d'été).

Besoin : comblé par la consommation de lait maternel, de préparation pour nourrissons ou de lait de vache.

Vitamine E

Nécessaire à la santé et à la réparation des lésions de la peau. Joue un rôle au niveau du système immunitaire.

Sources alimentaires : huiles végétales (tournesol, maïs, soya), jaune d'œuf, noix et graines.

Besoin : 1 c. à thé d'huile polyinsaturée.

Vitamine K

Essentielle à la coagulation du sang. Souvent injectée à la naissance pour assurer une consistance de sang appropriée chez le nouveau-né.

Sources alimentaires : viande, poisson, produits laitiers, légumineuses, avoine, céréales enrichies, noix.

Besoin : augmente avec l'apport calorique ; les carences sont rares après l'injection.

Vitamines hydrosolubles :

Vitamine B1

Joue un rôle dans la production d'énergie et stimule l'appétit. Participe au fonctionnement du système nerveux et du système cardiaque.

Sources alimentaires : viande, poisson, produits laitiers, quinoa, seigle, millet, avoine, légumineuses et noix.

Besoin : augmente avec l'apport calorique ; les carences sont rares.

Vitamine B2

Participe à la production d'énergie. Aide à maintenir en santé le système nerveux, la peau, les cheveux et les ongles.

Sources alimentaires : produits laitiers, légumes verts, foie, céréales enrichies.

Besoin : augmente avec l'apport calorique ; les carences sont rares.

Vitamine B3

Participe à la digestion des aliments et à leur transformation en énergie (glucose). Joue un rôle dans la stabilisation de l'humeur, ainsi que dans le fonctionnement du système nerveux et cérébral.

Sources alimentaires : protéines animales (viande, volaille, poisson), pomme de terre, asperge, tomate, céréales enrichies.

Besoin : augmente avec l'apport calorique ; les carences sont rares.

Vitamine B5

Participe à la gestion du stress et à la production d'anticorps.

Sources alimentaires : grains entiers, foie, viande, poulet, jaune d'œuf, légumes verts.

Besoin : augmente avec l'apport calorique ; les carences sont rares.

Vitamine B6

Participe au fonctionnement du système immunitaire, à la digestion de protéines, et au développement des globules rouges et des tissus nerveux.

Sources alimentaires : viande, poulet, foie, jaune d'œuf, poisson gras, légumineuses, riz brun, son et germe de blé, banane, poireau, chou.

Besoin : une portion de glucides (grains entiers) et ⅓ de banane.

Vitamine B12

Importante en période de croissance, nécessaire au développement des globules rouges et des tissus nerveux, en plus de contribuer au bon fonctionnement cérébral.

Sources alimentaires : foie, viande, poisson, œuf et produits laitiers.

Besoin : comblé par la consommation de lait (2 tasses) ou d'une portion de viande par jour.

Acide folique

Nécessaire au développement des globules rouges, à la production d'anticorps, à la digestion des protéines et à la production d'énergie.

Sources alimentaires : foie, viande, légumes verts (épinards, asperge, brocoli, chou), avocat, fruits orange (nectarine, cantaloup, orange), œuf, produits de blé entier, produits laitiers.

Besoin : une portion de viande par jour en sus de la consommation régulière de lait (2 tasses).

Biotine

Nécessaire pour la santé de la peau, des cheveux et des ongles. Contribue à la digestion des lipides et des protéines ainsi qu'à la production d'énergie.

Sources alimentaires : foie, riz brun, noix, jaune d'œuf, produits laitiers.

Besoin : comblé par la consommation de lait (2 tasses).

Vitamine C

Contribue au bon fonctionnement du système immunitaire en augmentant la résistance de l'organisme aux infections. Prévient le scorbut. Maintient les gencives en santé.

Sources alimentaires : fraise, framboise, mûre, kiwi, agrumes, melon, poivron rouge, tomate, brocoli, chou de Bruxelles.

Besoin : 1 portion d'un fruit ou d'un légume mentionné ci-haut.

Minéraux

Calcium

Important en période de croissance, nécessaire à la formation des os et des dents. Contribue à la santé du système cardiovasculaire, au processus de contraction musculaire et au bon fonctionnement du système nerveux.

Sources alimentaires : produits laitiers, brocoli, amande, graines de sésame, lait de soya ou de riz enrichi.

Besoin : 2 à 3 tasses de lait

Fer

Important en période de croissance. Participe à la formation des globules rouges et au transport de l'oxygène vers le sang.

Sources alimentaires : foie, viande rouge, abricot, raisin sec, légumineuses, tofu, céréales enrichies, noix.

Note : Les sources végétales de fer devraient être accompagnées d'un aliment contenant de la vitamine C pour en faciliter l'absorption.

Besoin : ½ tasse de céréales enrichies et une portion de protéines (viande, légumineuses ou tofu) par jour.

Magnésium

Important pour le développement et la santé des os et des dents. Joue un rôle dans le fonctionnement des muscles et du système nerveux, et contribue à la santé cardiaque.

Sources alimentaires : légumes verts, agrumes, maïs, noix et graines, légumineuses, grains entiers.

Besoin : 1 portion de glucides sous forme de grains entiers par jour.

Sélénium

Important pour le fonctionnement du système immunitaire et dans la production d'anticorps.

Sources alimentaires : crustacés, graines de sésame, graines de tournesol, son de blé, noix du Brésil, ail, oignon, zucchini, céleri.

Besoin : 1 portion de légumes par jour.

Zinc

Nécessaire en temps de croissance, pour la réparation des tissus, pour la régulation du système nerveux et des fonctions cérébrales. Joue un rôle dans le système immunitaire.

Sources alimentaires : viande et volaille, tofu, légumineuses, mollusques, œuf, produits laitiers, céréales à grains entiers.

Besoin : 1 portion de protéines par jour.

Purées maison pour bébé

Matériel de base et règles pour préparer des purées maison

La confection de purées n'est pas difficile, mais il faut néanmoins respecter quelques règles d'hygiène :

- lavez-vous les mains avant de commencer à cuisiner ;
- lavez soigneusement les fruits et les légumes;
- utilisez des ustensiles et des contenants bien propres ;
- placez rapidement au réfrigérateur ou au congélateur, dans des contenants avec couvercle, les aliments cuits ou les purées préparées qui ne sont pas dédiés à la consommation immédiate; ne laissez pas un aliment cuit à la température de la pièce ;
- conservez une purée au maximum trois jours au réfrigérateur ;
- notez la date sur les contenants lors de la congélation.

Matériel de base :

Il existe une vaste sélection d'ustensiles et de gadgets de cuisine qui pourraient vous être utiles. Par contre, ils ne sont pas nécessaires à la confection de purées maison. Vous pouvez très bien vous débrouiller avec ce que vous avez déjà à la maison. Vous possédez certainement l'un de ces appareils : un robot culinaire, un mélangeur, un mélangeur manuel, une moulinette ou un presse-purée. Une râpe, une passoire, une étuveuse et des bacs à glaçons peuvent aussi être pratiques.

Cuisson

Les aliments cuits sont plus faciles à digérer. Les premières purées seront donc cuites, à l'exception de celles à la papaye et à la banane. Il est préférable de cuire les aliments dans peu d'eau et rapidement pour conserver leur teneur en vitamines et en minéraux.

Options de cuisson : cuisson à la vapeur, cuisson à l'eau bouillante, cuisson au four à micro-ondes, cuisson au four.

Durée de conservation au congélateur :

Bœuf et agneau (cuits) – 2 mois
Porc et jambon (cuits) – 1 mois
Volaille (cuite) – 2 mois
Poisson (cuit) – 2 mois
Légumes (en purée) – 3 mois
Fruits (cuits) – 6 mois
Légumineuses – 2 mois

Conseils concernant la congélation :

Laissez les aliments refroidir au réfrigérateur et rangez-les ensuite au congélateur.

Une fois un plat décongelé, ne le recongelez pas. Un compartiment d'un contenant à glaçons contient à peu près 60 ml d'aliments solides; vous pouvez ainsi remplir chaque compartiment à moitié ou aux trois quarts.

Test du cure-dent :

Pour savoir si un gâteau est cuit, on insère un cure-dent en plein centre. S'il en ressort propre, le gâteau est cuit!

Les portions

Pour déterminer les portions, il s'agit de se laisser guider par l'appétit de l'enfant ; tant et aussi longtemps que sa taille et son poids suivent les courbes normales de développement et qu'il démontre de l'entrain, il est inutile de rationner les quantités ingérées.

6 mois

À partir de l'âge de six mois, le lait maternel ne fournit plus assez de fer pour combler les besoins nutritionnels du bébé. Les dents auront peut-être commencé à pousser et votre enfant se montrera curieux de goûter aux aliments qu'il voit sur la table à l'heure des repas. Introduisez les aliments seuls au début. Puis, après quelques semaines, commencez graduellement à lui présenter des mélanges. Les premières portions ne devraient pas dépasser quelques cuillères à thé de purée. La texture de cette dernière doit être complètement lisse pour éviter l'étouffement.

Le lait maternel (ou la préparation pour nourrissons) continue d'être une source essentielle de nutriments et d'énergie. Ne réduisez donc pas les quantités que vous offrez à votre enfant. Quant aux céréales pour nourrissons, on y a ajouté du fer ainsi que d'autres nutriments destinés à subvenir aux besoins de votre bébé. Il est recommandé de continuer à donner des céréales pour bébé jusqu'au deuxième anniversaire afin d'éviter toute carence en fer et pour favoriser un développement physique et mental sain.

7 à 9 mois

Le mélange des goûts rendra l'heure des repas plus intéressante et stimulera l'appétit de votre enfant. L'introduction d'une texture plus épaisse et moins soyeuse apprendra à votre enfant à mastiquer et le préparera à une alimentation solide.

9 à 12 mois

Ces mois représentent une période de transition. Le rythme de croissance de votre enfant ralentit tandis que s'accroît son besoin d'affirmer son indépendance. Il se sert de ses mains pour manger de petites bouchées et fait ses premiers essais à la cuillère. N'insistez pas sur les règles de la table ; vous les lui apprendrez un peu plus tard.

1 an et plus

Un an déjà ! Votre petit bout de chou est maintenant une petite personne qui déambule à sa guise dans la maison et exprime sa volonté en gestes et en mots. Vous ne le réalisez peut-être pas au quotidien, mais c'est une phase déterminante pour l'acquisition d'habitudes alimentaires de votre enfant. Il peut maintenant manger presque tout, alors misez sur une alimentation équilibrée et aussi variée que possible !

Introduction d'aliments spécifiques

Les systèmes digestif et immunitaire de votre bébé sont encore en train de se développer et de se fortifier quand il commence à manger des purées. Il est préférable d'introduire certains aliments dans l'alimentation passé un âge précis.

Bébé végétarien

Il est important d'avoir de bonnes connaissances en nutrition et de suivre de très près l'alimentation de votre enfant si vous décidez de lui offrir une alimentation végétarienne. Consultez une nutritionniste pour obtenir des conseils et faites un suivi régulier avec votre pédiatre pour vous assurer que votre bout de chou ne souffre d'aucune carence et que sa croissance et son développement ne sont pas affectés.

Au moment d'introduire des sources de protéines dans l'alimentation, commencez par le tofu, et ajoutez ensuite les légumineuses ; ces aliments feront partie de son alimentation quotidienne. Ne négligez pas les céréales pour bébés et le lait maternel ou la préparation de transition. À partir de 11 mois, offrez-lui des produits laitiers et des œufs bien cuits.

Bonne cuisine !

À éviter

Aliment	Jusqu'à l'âge de	Raison
Gluten (avoine, blé, seigle, orge)	9 mois	Le gluten est une protéine qui se retrouve dans certaines céréales – elle peut engendrer des troubles digestifs si consommée trop tôt.
Betterave	9 mois	Malgré ses vertus nutritionnelles, la grande quantité de nitrates naturels risque de surcharger l'organisme avant les 9 mois.
Épinards	9 mois	Grande quantité de nitrates naturels (voir betterave).
Navet	9 mois	Grande quantité de nitrates naturels (voir betterave).
Miel	12 mois	À éviter, risque de provoquer du botulisme infantile.
Produits laitiers	12 mois	Pas adaptés aux besoins nutritionnels ni au système digestif des bébés.
Sucre	12 mois minimum	Le sucre n'apporte rien de nutritif à l'alimentation. Pour éviter de créer une prédisposition au sucre, limitez sa consommation.
Sel	12 mois minimum	Pour éviter de surcharger les reins et de développer une prédisposition à manger très salé.
Œuf entier	12 mois	Le blanc d'œuf peut causer des allergies si introduit trop tôt dans l'alimentation. Assurez-vous de toujours bien cuire les œufs que vous servez pour éliminer le risque d'intoxication à la salmonelle.
Noix	24 mois	Pour éviter des réactions allergiques et l'étouffement.
Viande, œuf et poisson crus	5 ans	À éviter en général, car ces aliments crus augmentent le risque d'intoxication alimentaire par la salmonelle, ou autres pathogènes.
Charcuteries	5 ans	Haute teneur en sel. Contient des sulfites et comporte plus de risque d'intoxication alimentaire (listériose).
Fruits de mer	5 ans	Source majeure d'intoxication alimentaire pour les adultes, et peut engendrer des réactions allergiques.

*Si vous avez des antécédents d'allergies alimentaires dans la famille, consultez votre pédiatre.

Les premières purées

Vous voilà à une étape excitante : votre enfant va goûter à ses premiers fruits et légumes ! Évidemment, vous voulez lui offrir ce qu'il y a de mieux, ce qu'il y a de plus frais, mûr, pur et plein de nutriments pour sa croissance, et ce, tout en respectant son rythme et son système digestif.

Ce chapitre vous propose une douzaine de recettes pour habituer votre bébé au monde gourmand. Les aliments sont choisis pour leur valeur nutritive, leur digestibilité aussi bien que pour éviter toute intolérance alimentaire.

Allaitement

Les experts de la santé s'entendent pour recommander l'allaitement au moins pendant les six premiers mois du poupon. Si vous décidez d'entreprendre le sevrage avant les six mois, consultez votre pédiatre.

Il n'y a pas de moment parfait pour sevrer votre bébé… et cette décision revient aux parents ! Vous pouvez procéder progressivement en alternant entre le biberon de préparation pour nourrisson et l'allaitement pendant la journée. Les boires du matin et du soir constituent la dernière étape du sevrage. À ce chapitre, il est cependant très important de suivre votre instinct.

1, 2, 3, go, purées :

À partir de six mois, le lait maternel ne fournit plus assez de fer pour combler les besoins nutritionnels de votre bébé. De plus, les dents auront peut-être commencé à pousser et votre enfant se montrera curieux de goûter aux aliments qu'il voit sur la table à l'heure des repas. Le lait maternel (ou de préparation pour nourrisson) continue d'être une source primordiale de nutriments et d'énergie ; ne réduisez donc pas les quantités que vous offrez à votre enfant.

L'heure du repas :

Les repas devraient se dérouler dans un environnement calme, positif et agréable. Le sevrage est une étape qui requiert plus ou moins de patience selon l'enfant ; c'est un moment de transition. Ne vous inquiétez pas si votre bébé refuse tout d'abord ses purées. Cela peut arriver. Il faut simplement réessayer tout en douceur le lendemain.

Les purées :

Les purées sont complètement lisses pour éviter l'étouffement. À l'exception de la banane et de la papaye, les aliments utilisés doivent être cuits. Au début, présentez à votre bébé les aliments seuls. Après quelques semaines, vous pouvez graduellement faire des mélanges. Vous pouvez commencer par les purées les plus fades (pomme de terre et céréales de riz) pour faciliter la transition.

Consultez le Guide des purées maison page 16.

La quantité :

Les premières portions ne devraient pas dépasser quelques cuillères à thé de purée. Il est important de suivre le rythme de votre enfant. Au fur et à mesure qu'il s'habituera, les quantités augmenteront pour atteindre 50, 75 ml, et bien plus.

Les besoins en fer :

De 6 mois à 12 mois, votre bébé a besoin de 11 mg de fer par jour. Ces besoins ne peuvent être comblés par le lait maternel, le lait de vache, de chèvre, de soya ou de riz. En fait, étant donné la faible variété d'aliments que consomme votre enfant et ses besoins accrus en nutriments, un apport provenant d'une source enrichie de fer, comme les céréales pour nourrissons, est primordial.

Ces céréales pour nourrissons sont enrichies de fer ainsi que d'autres nutriments pour subvenir au besoin de votre bébé. Commencez par une céréale pour bébé sans gluten (voir p.19) et ne comportant qu'une seule sorte de grain. Une fois que vous lui aurez fait goûter différents grains, vous pourrez passer aux céréales pour bébé à grains mélangés. Il est recommandé de continuer à donner des céréales pour bébé jusqu'au deuxième anniversaire afin d'éviter toute carence en fer et pour favoriser un développement physique et mental sain.

La dégustation des premiers aliments

Le goût d'une purée faite maison est incomparable ! Dès à présent, apprenez à votre enfant à apprécier les aliments frais, santé et naturels ! Choisissez si possible des fruits et légumes de saison mûris à point.

- Patate douce
- Brocoli
- Panais
- Rutabaga
- Papaye
- Poire

- Courge
- Carotte
- Pomme de terre
- Céréales de riz
- Pomme
- Banane

Menu

Menu des premiers repas – 2 premières semaines	Menu des aliments acceptés – de la 3e à la 4e semaine
Matinée : lait maternel ou préparation pour nourrisson	Matinée : lait maternel ou préparation pour nourrisson Petite purée de fruits ou premiers aliments – au choix
Midi : lait maternel ou préparation pour nourrisson Petite purée ou premiers aliments – au choix *Offrez le même aliment deux jours de suite avant d'en introduire un nouveau dans son alimentation.	Midi : lait maternel ou préparation pour nourrisson Purée de légumes ou premiers aliments – au choix * Vous pouvez commencer à mélanger les 12 premiers aliments
Après-midi : lait maternel ou préparation pour nourrisson	Après-midi : lait maternel ou préparation pour nourrisson
Soirée : lait maternel ou préparation pour nourrisson	Soirée : lait maternel ou préparation pour nourrisson

Pratico-pratique :

- Les portions des recettes suggérées sont relativement petites, car il est préférable de servir des purées fraîchement faites. Vous pouvez doubler ou tripler les quantités à condition de congeler les purées qui ne seront pas consommées immédiatement. (Consulter le tableau "Temps de conservation au congélateur", p. 17.)

- Conservez toujours l'eau de cuisson, car en plus de son goût savoureux, elle renferme beaucoup de vitamines et de minéraux. Vous pouvez l'utiliser pour liquéfier votre purée au mélangeur.

- Bien qu'il soit désagréable de jeter de la nourriture, ne conservez pas la purée mangée à moitié. Il n'est pas recommandé de conserver des restes, car plusieurs bactéries peuvent s'y développer.

Purée de pommes de terre ou de patates douces

4-6 portions

La pomme de terre

La pomme de terre contient une bonne quantité de glucides, notre principale source d'énergie. Beaucoup d'enfants l'adorent pour son goût peu prononcé et sa texture farineuse.

- Source de vitamine C.
- Source de vitamine E stimulant la santé du système immunitaire et de la peau.
- Bonne source de vitamine B3 (niacine), nécessaire à la production de la sérotonine, un neurotransmetteur important pour l'équilibre de l'humeur.

La patate douce

La patate douce contient tous les éléments nutritifs de la pomme de terre.

- Bonne source de bêta-carotène (se transforme en vitamine A) ;
- Très bonne source de vitamine B3.

Ingrédients

....

2 pommes de terre ou patates douces moyennes   Eau de source (approximativement 1 ½ tasse)

Préparation

....

Laver, éplucher et couper les pommes de terres (ou patates douces).

Placer dans une petite casserole et couvrir d'eau de source.

Faire bouillir pendant 15 à 20 minutes ou jusqu'à ce qu'elle soit tendre.

Passer au mélangeur en ajoutant de l'eau de cuisson pour obtenir une purée lisse et soyeuse.

Servir !

Purée de courge

4 portions

La courge, un essentiel du garde-manger en automne et en hiver, regorge de nutriments. Au Québec, nous disposons d'une très belle sélection.

- Excellente source de bêta-carotène (se transforme en vitamine A) et de vitamine C, deux substances jouant un rôle important dans le fonctionnement du système immunitaire.

- Source de calcium et de magnésium, des minéraux indispensables à la santé des os et des dents.

Ingrédients

1 petite courge (courge musquée, courgeron ou citrouille)

Eau de source (approximativement ¼ tasse)

Préparation

Préchauffez le four à 350 °F.

Laver et couper la courge, la couper en deux et retirer les pépins.

Placer la courge sur une plaque à biscuits et la placer au four pendant de 30 à 45 minutes. Le temps de cuisson dépend de la taille de la courge ; vérifier que la chair est molle à l'aide d'une fourchette.

Recueillir la chair à la cuillère.

Passer la courge au mélangeur en y ajoutant de l'eau de source au besoin.

Servir !

Astuce

La purée de courge s'adapte très bien à un repas familial. Il suffit d'ajouter quelques ingrédients : un filet d'huile d'olive, de la fleur de sel et du poivre, une pincée de cannelle et/ou de muscade (facultative).

Purée de rutabaga

4 portions

Le rutabaga est appelé « navet » au Québec.

• Source d'antioxydants, lesquels ont un important rôle protecteur en santé.

• Très bonne source d'acide folique et de potassium.

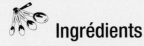

Ingrédients

1 petit rutabaga   Eau de source (approximativement 2 tasses)

Préparation

Laver, éplucher et couper grossièrement le rutabaga.

Le placer dans une casserole et couvrir d'eau de source.

Faire bouillir de 15 à 20 minutes ou jusqu'à ce qu'il soit tendre.

Passer au mélangeur en ajoutant de l'eau de cuisson pour obtenir une purée lisse et soyeuse.

Servir !

Variante

Si votre petit bout de chou n'apprécie pas trop le rutabaga, vous pouvez ajouter à la préparation quelques cuillères à thé de purée de compote de pommes une fois que l'aliment aura déjà été intégré dans l'alimentation. La compote de pommes adoucira le goût du rutabaga et permettra quand même de maintenir une alimentation variée et équilibrée.

Purée de brocoli et de pommes de terre

4 portions

Le brocoli, que l'on pourrait qualifier de superaliment, est doté de propriétés antibiotiques et antivirales naturelles, en plus d'être une source exceptionnelle de nutriments.

- Une des principales sources de calcium, de magnésium et de vitamine K, des nutriments favorisant la croissance des os.

- Source du complexe de vitamine B, nécessaire à la production d'énergie.

- Source de fibres, lesquelles favorisent le bon fonctionnement des fonctions éliminatoires.

Ingrédients

· ·

1 tasse de têtes de brocoli fraîches
1 pomme de terre moyenne

Eau de source (approximativement 3 tasses)

Préparation

· ·

Laver, éplucher et couper la pomme de terre en cubes, puis laver à son tour le brocoli.

Placer le tout dans une casserole et couvrir d'eau de source.

Faire bouillir de 10 à 15 minutes ou jusqu'à ce que les légumes soient bien tendres.

Passer au mélangeur en ajoutant de l'eau de cuisson pour obtenir une purée lisse et onctueuse.

Servir !

Purée de carotte ou de panais

4 portions

La carotte pelée est une excellente solution pour remplacer les biscuits ou les jouets de dentition. Incontournable dans le réfrigérateur, elle fait une bonne première purée et plus tard une purée plus consistante.

- Source de bêta-carotène (se transforme en vitamine A), élément important pour le système immunitaire, la santé oculaire et l'épiderme.

- Contient du potassium et des fibres favorisant la santé digestive.

Le panais est un légume-racine au goût sucré.

- Bonne teneur en potassium et en fibres, lesquels favorisent la santé digestive et stimulent les fonctions éliminatoires.

- Source végétale de fer.

Ingrédients

3-4 carottes ou panais
Eau de source (approximativement 2½ tasses)

¼ t. de tasse de lait maternel ou de préparation pour nourrisson (facultatif)

Préparation

Laver, éplucher et couper grossièrement les carottes (ou panais).

Les placer dans une casserole et couvrir d'eau de source.

Faire bouillir de 15 à 20 minutes ou jusqu'à ce que les légumes soient bien tendres.

Passer au mélangeur en ajoutant du lait maternel (ou de la préparation pour nourrisson) ou simplement de l'eau de cuisson pour obtenir une purée lisse et quelque peu liquide.

Servir !

Astuce

Si vous n'utilisez pas l'eau de cuisson, congelez-la en petites portions ; elle vous servira ultérieurement comme bouillon de légumes.

Céréales de riz

4 portions

Le riz est depuis longtemps reconnu comme une céréale de choix le temps du sevrage venu. D'une part, elle engendre rarement des réactions allergiques ; d'autre part, sa digestibilité, sa texture agréable et son goût sont des caractéristiques appréciables. Les céréales pour nourrisson sont spécialement conçues pour subvenir aux besoins nutritifs de votre bébé.

Ingrédients

Mélangez une portion de céréales de riz avec :
- de l'eau de source ;
- du lait maternel ou de la préparation pour nourrisson ;
- de l'eau de cuisson d'un légume (exemple : bouillon de carottes)

Préparation

Suivre les instructions sur la boîte.

Servir !

Purée de papaye

4 portions

La papaye est un grand préféré des jeunes enfants.

- Contient des bêta-carotène (se transforment en vitamine A), de la vitamine C et d'autres nutriments renforçant le système immunitaire et prévenant les infections.

- Source de magnésium.

- Source de papaïne, une enzyme aidant au dégagement des voies respiratoires en réduisant la production de mucus.

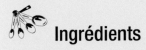

Ingrédients

½ papaye mûre

Eau de source (approximativement 3 c. à table)

Préparation

Laver, éplucher et épépiner la papaye.

Conserver une moitié pour une collation pour adulte et couper l'autre moitié en cubes.

Réduire les cubes en purée au mélangeur.

Ajouter de l'eau de source peu à peu jusqu'à l'obtention d'un mélange lisse.

 Servir !

Purée de pommes ou de poires

4 portions

La pomme est un incontournable dans plusieurs foyers et constitue un choix savoureux et nutritif.

- Source de bêta-carotène (se transformant en vitamine A) et de vitamine C, lesquels jouent un rôle important dans le fonctionnement du système immunitaire.

- Bonne source de fibres et de pectine stimulant les fonctions éliminatoires.

La poire :

La poire est un excellent premier aliment en raison de son goût sucré et délicat. De plus, c'est un aliment qui engendre rarement des intolérances.

Bonne source :

- d'acide folique et de fer (végétal) qui préviennent l'anémie ;

- de vitamine C renforçant le système immunitaire et aidant à absorber le fer végétal ;

- de pectine, un bon laxatif naturel.

Ingrédients

· ·

2 pommes (golden, gala, fuji) ou poire (bartlet) moyennes

Eau de source (approximativement 2 tasses)

Préparation

· ·

Laver, éplucher et couper les pommes (ou poires), puis retirer les trognons.

Faire bouillir avec de l'eau de source dans une casserole à fond large pendant une heure à découvert pour obtenir une compote caramélisée OU de 15 à 20 minutes dans une casserole avec couvercle jusqu'à que les morceaux de fruits soient tendres.

Passer au mélangeur en ajoutant de l'eau de source ou du jus de cuisson s'il y en a jusqu'à l'obtention d'une purée lisse et quelque peu liquide.

Servir tiède ou à la température ambiante.

Servir !

Astuce

- La pomme et la poire se marient très bien, mais commencez néanmoins par les faire découvrir individuellement à votre bébé avant de les mélanger.

- Purée de pommes (ou de poires) et céréales de riz.

Purée de bananes

4 portions

Un grand préféré des enfants pour son goût sucré et équilibre autant que sa texture crémeuse. Bonne source :

- du complexe de vitamines B, nécessaire à la production d'énergie ;
- de zinc, important dans l'équilibre du système immunitaire et la croissance ;
- de potassium, favorisant la santé du cœur et stimulant la prolifération de bactéries bienfaitrices dans le tractus digestif.

Ingrédients

1 banane mûre
(jaune avec des picots noirs)

Eau de source, lait maternel ou
préparation pour nourrisson

 Préparation

Éplucher la banane.

Réduire au mélangeur avec du lait maternel, de la
préparation pour nourrisson ou de l'eau de source pour
obtenir une purée à la texture lisse et crémeuse.

Servir !

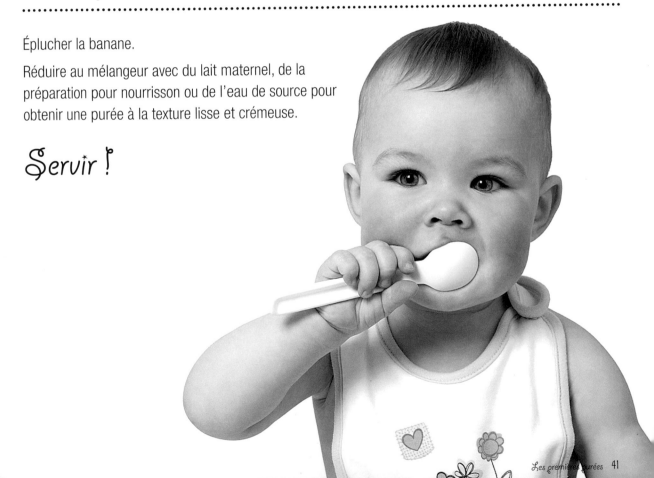

7 à 9 mois

Le mélange de parfums rendra d'ailleurs l'heure des repas plus intéressante. L'introduction d'une texture plus épaisse permettra à votre enfant d'apprendre à mastiquer tout en le préparant à une alimentation à base de solides.

La quantité

Respectez l'appétit de votre enfant. Laissez-le explorer la possibilité de se nourrir seul. Vous pouvez réduire le nombre de boires quotidiens pour augmenter son appétit en les lui donnant après ses purées, et non avant. Vous arriverez avec le temps à des portions de 90 à 125 ml, bien qu'il ne s'agisse pas d'un absolu.

Si votre bout de chou refuse de manger des aliments solides, ne paniquez pas et n'insistez pas ; c'est une question d'habitude. Réessayez en douceur dans les jours qui suivent. Certains enfants préfèrent des céréales sèches ou des aliments qui ne sont pas sous forme de purée ; faites cependant attention aux risques d'étouffement.

Ce chapitre vous propose plus de 20 recettes pour explorer le monde du goût avec votre enfant. Les recettes sont classées par saison pour profiter le plus possible des produits frais locaux. Vous pouvez consulter le tableau à la page 8 pour connaître nos fruits et légumes saisonniers.

Les purées

Lors de l'introduction, à six mois, des solides dans l'alimentation de votre enfant, il était important de lui fournir des purées lisses, simples et pures. Un mois après, avec déjà plusieurs fruits et légumes dégustés, il est temps de mélanger les parfums et de varier les textures.

À déguster - textures et parfums

Printemps	Été
Velouté d'asperges Crémeux au quinoa et légumes Sole en papillote Purée de raisins frais Purée de kiwi et poire	Bleuets et melon d'eau Bananes et fraises au jus d'orange Cerises et compote de pommes Purée de pêches et fraises
Automne	**Hiver**
Purée de l'Action de grâce - patate douce, pomme et oignon grillé Compote de carottes, pomme et raisins secs Compote d'automne - courge musquée, poire et poireaux grillés Ratatouille Crème de maïs Bouillon de légumes	Bouillon de bœuf Bouillon de poulet Purée de petits pois et panais Lentilles et panais Velouté de courge musquée et de poire

Menu

Au menu des 7 à 9 mois
Matinée : lait maternel ou préparation pour nourrisson céréales pour bébé purée de fruits
Midi : purée-repas purée de fruits lait maternel ou préparation pour nourrisson
Soirée : purée-repas céréales pour bébé purée de fruits lait maternel ou préparation pour nourrisson

Pratico-pratique - Alimentation lorsque bébé a des dents

- Vous pouvez utiliser des fruits ou des légumes congelés s'ils sont hors saison ; leur apport en vitamines est tout de même considérable. Évitez par contre les boîtes de conserve, lesquelles présentent un faible apport nutritif et une quantité de sodium trop élevée.

- Quelques idées d'aliments qui soulagent les percées de dents :

  - croûtes de pain sec ;
  - sucette d'eau glacée ou anneau de dentition glacé ;
  - bâtonnets de légumes précuits, relativement gros ;
  - si vous achetez des biscuits de dentition, optez pour
ceux qui ne contiennent pas de sucre.

Il faut bien surveiller votre enfant pour prévenir les risques d'étouffement.

Avez-vous pensé à suivre un cours de premiers soins pour enfant ?

Petit rappel :

- L'alimentation de votre enfant ne contient ni sel ni sucre.

- Évitez : la betterave, le navet, les épinards et les grains contenant du gluten.

- Le lait maternel ou la préparation pour nourrisson ainsi que les céréales pour bébé continuent à être des composantes importantes pour une alimentation équilibrée.

- Continuez à introduire les nouveaux aliments un à la fois.

- L'heure du repas est un moment tranquille et positif.

Velouté
d'asperges

4 portions

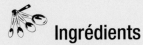

Ingrédients

6 asperges
1 pomme de terre moyenne
1 carotte (optionnel)

1 petit oignon en dés
1 c. à soupe d'huile d'olive
3 tasses de bouillon de légumes maison ou d'eau

Préparation

Casser le bout des asperges et laver.

Éplucher et couper la pomme de terre et la carotte.

Faire revenir l'oignon à feu doux dans l'huile d'olive dans une casserole.

Ajouter les asperges, la carotte et la pomme de terre puis laisser dorer quelques minutes.

Ajouter le bouillon et laisser mijoter 15 à 20 minutes ou jusqu'à ce que les légumes soient tendres.

Passer le tout au mélangeur.

Servir !

Sole en papillote

4 portions

Le poisson est une source d'oméga-3, acides gras nécessaires au développement du système nerveux. Essayez d'offrir du poisson 1 à 2 fois par semaine à votre enfant. Vous pouvez varier en intégrant la truite, le saumon, l'aiglefin, le flétan et la morue.

 ## Ingrédients

150 g de filet de sole sans arêtes
3 à 4 branches de persil

1 gousse d'ail coupée en deux
1 c. à soupe d'huile d'olive

 ## Préparation

Préchauffer le four à 350 °F.

Vérifier que le filet de sole ne présente pas d'arêtes.

Placer le filet sur du papier d'aluminium, ajouter l'huile, le persil et l'ail.

Emballer le filet dans le papier d'aluminium et pincer les bouts pour retenir le jus de cuisson.

Cuire au four 15 à 20 minutes ou jusqu'à ce que le filet soit cuit.

Émietter le poisson à la fourchette ou au mélangeur avec le persil et le jus de cuisson.
Jeter la gousse d'ail.

Servir avec une purée de légumes ou des céréales pour bébé.

Purée de raisins frais

4 portions

Ingrédients

1 ½ tasse de raisins frais sans pépins

Préparation

Laver et couper les raisins en deux.

Passer au mélangeur puis au tamis pour éliminer les résidus de peau.

Servir !

Un vrai délice ! Énergisant et regorgeant de vitamines, c'est un coup de cœur assuré !

Purée de kiwi poire

4 portions

Ingrédients

1 ¼ tasse de compote de poires (voir page 39)

1 kiwi bien mûr

Préparation

Éplucher et couper le kiwi puis le passer au mélangeur.

Mélanger la compote de poires et la purée de kiwi dans un bol.

Écraser à la fourchette les morceaux de poires restants de la compote.

Servir !

Le kiwi, excellente source de vitamine C, engendre parfois des réactions allergiques. Surveillez votre enfant pour vous assurer qu'il n'y réagit point.

Crémeux au quinoa et légumes

4 portions

Ingrédients

1 petit zucchini
1 petit oignon
1 tomate
1 carotte

2 tasses d'eau
3 c. à soupe de flocons de quinoa
1 c. à soupe d'huile d'olive

Préparation

Laver, éplucher et couper grossièrement les légumes.

Faire revenir l'oignon dans l'huile d'olive dans une casserole.

Incorporer le reste des légumes dans la casserole et laisser mijoter à feu doux quelques minutes. Ajouter l'eau.

Faire bouillir pendant 20 minutes ou jusqu'à ce que les légumes soient tendres.

Ajouter les flocons de quinoa et laisser mijoter pendant 5 minutes.

Passer légèrement au mélangeur.

Servir !

Bananes et fraises
au jus d'orange

4 portions

Ingrédients

1 banane mûre (jaune à picots noirs)
½ tasse de fraises mûres

4 à 6 c. à soupe de jus d'orange sans sucre ajouté

Préparation

Laver les fraises, les équeuter et les couper en deux.

Éplucher et couper la banane en morceaux.

Passer les fruits au mélangeur en y ajoutant le jus d'orange jusqu'à l'obtention de la consistance désirée.

Servir !

Un classique et un vrai régal !

Bleuets et melon d'eau

4 portions

Ingrédients

½ tasse de bleuets

1 ½ tasse de cubes de melon d'eau

Préparation

Laver les bleuets.

Épépiner les cubes de melon d'eau.

Passer les fruits au mélangeur.

Servir !

Purée colrée, vitaminée et rafraîchissante !

Cerises et compote de pommes

4 portions

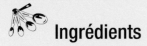

Ingrédients

1 ¼ tasse de compote de pommes
(voir page 39)

½ tasse de cerises bien mûres

Préparation

Laver, dénoyauter et passer les cerises au mélangeur.

Mélanger la compote de pommes et la purée de cerises dans un bol.

Écraser à la fourchette les morceaux de pommes restants de la compote.

Servir !

Ma purée préférée, autant pour sa couleur
que pour son goût.

Crème de maïs

4 portions

Ingrédients

3 tasses de bouillon de légumes
4 épis de maïs

3 à 4 c. à soupe de céréales de riz pour bébé
Coriandre ou persil haché finement (facultatif)

Préparation

Laver et faire bouillir les épis de maïs dans le bouillon de légumes 20 à 25 minutes ou jusqu'à ce que les épis soient tendres.

Retirer les grains de maïs de l'épi à l'aide d'un couteau.

Passer au mélangeur le bouillon et le maïs puis ajouter les céréales de riz. Ajouter, si désiré, le persil ou la coriandre.

Servir !

Note

On trouve dans les supermarchés des bouillons de légumes naturels avec une quantité de sodium réduite qui pourraient vous dépanner si vous êtes à court de bouillon de légumes maison. Diluez le bouillon commercial à parts égales avec de l'eau.

Compote de carottes, pommes et raisins secs

4 portions

Ingrédients

4 carottes
1 grosse pomme (Golden ou autre)

2 c. à soupe de raisins secs

Préparation

Laver, éplucher et couper grossièrement les carottes et la pomme.

Cuire dans une casserole à feu doux de 20 à 30 minutes avec les raisins secs et ½ tasse d'eau.

Écraser à la fourchette ou passer au mélangeur.

Servir !

Purée de l'Action de Grâce – patate douce, pomme et oignon grillé

4 portions

Ingrédients

....

1 grosse patate douce
1 oignon moyen

1 pomme moyenne
2 c. à soupe d'huile d'olive

Préparation

....

Préchauffer le four à 350 °F.

Laver, éplucher et couper la pomme et l'oignon en quatre et déposer les morceaux sur une plaque à biscuits avec 1 c. à soupe d'huile d'olive.

Placer la plaque au four et laisser cuire de 15- 20 minutes ou jusqu'à ce que l'oignon et la pomme soient caramélisés.

Couper grossièrement la patate douce. Faire revenir la patate douce dans 1 c. à soupe d'huile d'olive pendant quelques minutes. Ajouter ½ tasse d'eau. Faire bouillir pendant 15 minutes ou jusqu'à ce que la patate douce soit tendre.

Passer au mélangeur la patate douce, la pomme et l'oignon grillé.

Servir !

Compote d'automne - courge musquée, poire et poireaux grillés

4 portions

Ingrédients

··

1½ tasse de cubes de courge musquée, lavée et
épluchée
1 poireau

1 poire mûre
2 c. à soupe d'huile d'olive
¾ de tasse d'eau bouillante

Préparation

··

Faire revenir les cubes de courge, la poire et le
poireau dans l'huile d'olive pendant quelques
minutes.

Ajouter l'eau bouillante.

Laisser mijoter 20 minutes ou jusqu'à ce
que le tout soit tendre.

Passer la compote au mélangeur.

Servir !

Ratatouille

6 portions

La ratatouille est une façon savoureuse de consommer une variété de légumes.

Doublez les quantités et servez-vous du reste comme accompagnement lors de votre repas ou avec des œufs sur le plat.

Ingrédients

....

½ aubergine en cubes
1 pomme de terre moyenne
1 tomate épépinée et coupée en dés
1 oignon coupé en dés

1 zucchini coupé en demi-lunes
1 feuille de laurier
1 pincée de curcuma
¼ de tasse d'eau
un peu d'huile d'olive

Préparation

....

Faire dégorger les cubes d'aubergine en les plaçant dans un bol d'eau avec 2 c. à soupe de sel.

Note. – On fait dégorger l'aubergine pour éliminer le petit goût amer qu'elle peut parfois avoir.

Astuce : afin de vous assurer que les cubes soient submergés d'eau, déposer une assiette sur le dessus du bol. Laisser reposer 15 minutes.

Faire revenir l'oignon dans l'huile d'olive avec une pincée de curcuma et laisser dorer à feu doux pendant quelques minutes.

Ajouter la tomate et la feuille de laurier et laisser cuire quelques minutes

Rincer l'aubergine pour enlever le sel.

Ajouter l'aubergine, la pomme de terre, le zucchini et l'eau à la préparation.

Couvrir et laisser mijoter de 30 à 45 minutes tout en remuant de temps à autre.

Écraser à la fourchette ou passer au mélangeur.

Servir !

Variante

Les parents apprécieront cette ratatouille en y ajoutant un filet d'huile d'olive ainsi que de la fleur de sel et du poivre au goût.

Bouillon de légumes

6 portions

Savoureux et nutritif, il est très pratique d'avoir ce bouillon en réserve au congélateur.

Ingrédients

1 petit poireau
2 carottes
1 tomate
1 zucchini
1 épi de maïs

1 branche de céleri
1 oignon
¼ de bulbe de fenouil
4 tasses d'eau
un peu d'huile d'olive

Préparation

Laver, éplucher et couper les légumes.

Faire revenir l'oignon dans de l'huile d'olive dans une casserole.

Ajouter le reste des légumes et laisser dorer quelques minutes. Ajouter l'eau.

Laisser mijoter à feu doux de 30 à 45 minutes.

Servir !

Variante

Option 1 : Passer au mélangeur le bouillon et les légumes pour en faire une soupe. **Option 2** : Séparer les légumes du bouillon. Utiliser les légumes en purée et le bouillon pour le servir avec des céréales pour bébé ou des flocons de quinoa.

Lentilles et panais

4 portions

Ingrédients

....

¼ tasse de lentilles
3 panais

1 à 2 c. à soupe d'huile d'olive
2 tasses d'eau

Préparation

....

Rincer les lentilles.

Faire revenir le panais et les lentilles dans 1 c. à soupe d'huile d'olive dans une casserole pendant quelques minutes.

Ajouter 2 tasses d'eau et faire bouillir pendant 20 minutes ou jusqu'à ce que le tout soit tendre.

Écraser à la fourchette ou passer au mélangeur. Vous pouvez ajouter 1 c. à soupe d'huile d'olive.

Servir !

Variante

Vous pouvez utiliser des carottes à la place des panais

Velouté de courge musquée et de poire

4 portions

Soupe santé, rapide à faire, agréable et réconfortante. Elle vous permet en outre de consommer fruits et légumes en même temps!

Ingrédients

••

1 ½ tasse de cubes de courge musquée, épluchée et coupée grossièrrement
1 oignon coupé en dés
1 poire

3 tasses d'eau
1 pincée de cannelle
1 c. à soupe d'huile d'olive

 ## Préparation

••

Faire revenir l'oignon dans l'huile d'olive dans une casserole. Ajouter la courge et laisser dorer quelques minutes.

Laver, éplucher et couper la poire en quatre. Ajouter les morceaux de poire, l'eau et la cannelle dans la casserole.

Laisser mijoter 20 minutes ou jusqu'à ce que la courge soit tendre.

Passer au mélangeur.

Servir !

Variante

Pour le reste de la famille, ajouter un filet d'huile d'olive, du sel et du poivre au goût, 1 à 2 c. à soupe de coriandre fraîche hachée, 1 c. à soupe de crème sure.

Purée de petit pois et panais

4 portions

Ingrédients

¾ de tasse de petits pois frais ou surgelés
3 panais
½ oignon

1 c. à soupe d'huile d'olive
2 tasses d'eau

Préparation

Faire revenir l'oignon et les petits pois dans l'huile d'olive dans une casserole.

Laver, éplucher et hacher le panais. Ajouter le panais dans la casserole et laisser dorer quelques minutes.

Couvrir d'eau et faire bouillir pendant 20 minutes ou jusqu'à ce que le panais soit tendre.

Écraser à la fourchette ou passer au mélangeur.

Servir !

Bouillon de poulet

4 portions

Délicieux, passe-partout et nutritif, il est très pratique d'avoir ce bouillon en réserve au congélateur.

Ingrédients

....

2 cuisses de poulet
(d'élevage biologique de préférence)
1 patate douce
1 petit poireau

quelques branches de persil
1 c. à soupe d'huile d'olive
3 tasses d'eau
1 pincée de curcuma

Préparation

....

Éplucher et couper la patate douce en morceaux.

Faire revenir dans une casserole l'oignon et les cuisses de poulet à feu doux dans l'huile d'olive avec une pincée de curcuma.

Ajouter la patate douce et le persil puis faire dorer quelques minutes.

Ajouter l'eau et laisser mijoter à feu doux 1 heure ou plus.

Passer le bouillon, les légumes et le poulet désossé au mélangeur.

Servir ou conserver au congélateur pour usage futur.

Servir !

Variante

Vous pouvez aussi retirer le poulet du bouillon et en faire 2 repas différents.

Repas 1 : Les légumes écrasés à la fourchette ou passés au mélangeur dans le bouillon de poulet.

Repas 2 : Le poulet passé au mélangeur avec des céréales pour bébé et une compote de pommes.

Bouillon de boeuf

6 portions

Il est préférable d'introduire le poulet avant le bœuf dans l'alimentation parce qu'il est plus léger et plus facile à digérer.

Ingrédients

200 g de bœuf coupé en cubes
(d'élevage biologique de préférence)
1 petit oignon coupé en dés
3 carottes
1 petite pomme de terre

1 branche de céleri
1 feuille de laurier
4 tasses d'eau
1 c. à soupe d'huile d'olive

Préparation

Laver, éplucher et couper les carottes et la pomme de terre en morceaux.

Faire revenir l'oignon et les cubes de bœuf à feu doux dans l'huile d'olive.

Ajouter les carottes, la pomme de terre et la feuille de laurier ; laisser dorer quelques minutes.

Ajouter l'eau et laisser mijoter à feu doux de 2 à 3 heures.

Passer le tout au mélangeur.

Servir !

Variante

Vous pouvez aussi retirer les légumes et le bœuf du bouillon et en faire 2 repas différents.

Repas 1 : Les légumes écrasés à la fourchette, accompagnés de cubes de bœuf passés au mélangeur.

Repas 2 : Le bouillon pour des purées avec les céréales pour bébé et une purée de fruits au dessert.

9 à 12 mois

Les prochains mois sont une période de transition. Le rythme de croissance de votre enfant ralentit tandis que s'accroît son besoin d'affirmer son indépendance. Il se sert de ses mains pour manger des petites bouchées et fait ses premiers essais à la cuiller. N'insistez pas sur les règles de la table ; vous les lui apprendrez un peu plus tard.

Textures

Il est temps d'habituer votre enfant à mâcher. On ne réduit plus ses repas en purées comme avant, mais on lui offre plutôt de petites bouchées de fruits et de pain. Les bébés n'ont pas besoin de dents pour mâcher puisque leurs gencives suffisent pour mastiquer des aliments mous. Les recettes de ce chapitre sont adaptées à cette réalité.

Les portions

Pour déterminer les portions, il s'agit de se laisser guider par l'appétit de l'enfant ; tant et aussi longtemps que sa taille et son poids suivent les courbes normales de développement et qu'il démontre de l'entrain, il est inutile de rationner les quantités ingérées.

Il est possible, à cet âge, qu'un enfant qui était auparavant un bon mangeur devienne difficile et capricieux ou passe des journées sans manifester d'appétit. Pas de panique : ce n'est que passager. L'emphase doit être mise sur des aliments soutenants : viande, poisson, avocat, lentilles, céréales pour bébé. Une attitude calme et positive est de mise lors du repas.

À déguster – textures et parfums

Printemps	Été
Muffins aux grains entiers	Croustade aux légumes
Crème de cresson	Pudding protéiné aux fruits
Flan aux asperges et fenouil	Salade poulet et avocat
Stracciatella	Gaspacho
Soupe légère de morue	Galette de pomme de terre
Automne	**Hiver**
Soupe presto au brocoli	Bébé Bortsch
Petit ragoût	Boulettes d'agneau
Pilaf d'automne à l'orge	Soupe de lentilles
Soupe orange	Boulettes au poisson
Pommes aux fours	Bolognaise junior

Menu

Au menu des 9 à 12 mois
Matinée : lait maternel ou préparation pour nourrisson céréales pour bébé lait maternel ou préparation pour nourrisson (si nécessaire)
Midi - repas de la journée le plus consistant: Protéines (viande, volaille, poisson, tofu, légumineuses) accompagnement de légumes et de féculents Fruits
Soirée : soupe ou pâtes Fruits en smoothie ou compote lait maternel ou préparation pour nourrisson

Quantité de lait consommé : 600 ml (2 ½ tasses) par jour

Pratico-pratique

- Installez votre enfant confortablement dans un environnement calme pour l'heure du repas.

- Grignotez quelque chose en donnant à manger à votre enfant; vous voir manger pourrait lui ouvrir l'appétit.

- Fournissez-lui une cuiller ou des bouchées pour qu'il puisse participer à l'acte du repas, pendant que vous lui donnez à manger.

- Servez-lui de petites quantités.

- Mettez l'emphase sur des aliments soutenants et énergétiquement denses : viande, volaille poisson, avocat, chantilly, céréales pour bébé.

- Si votre bambin ne mange pas ses repas, réévaluez ce que vous lui donnez lors de ses collations entre les repas.

- Soyez zen, ne forcez pas votre bambin à manger; s'il n'a pas faim aujourd'hui, il aura faim demain ou la semaine prochaine. Inutile d'insister.

Petit rappel :

- L'alimentation de votre enfant ne comporte ni sel ni sucre.

- À éviter : le lait de vache, les noix, la charcuterie, les fruits de mer. Évitez également de lui donner de la viande, du poisson ou des œufs crus.

- Le lait maternel ou la préparation pour nourrisson ainsi que les céréales pour bébé continuent à être des composantes importantes pour une alimentation équilibrée.

Muffins aux grains entiers

6 muffins

Ingrédients

250 g de farine de blé entier
2 c. à café de poudre à pâte
½ tasse de beurre ramolli
1 œuf
⅓ tasse de babeurre

¼ tasse de sirop d'érable
le zeste d'un citron
1 pincée de sel
½ cuiller à café de cannelle
¼ tasse de cassis secs (optionnel)

Préparation

Préchauffer le four à 350 °**F**.

Mélanger les ingrédients secs (farine, poudre à pâte, sel, cannelle, cassis) dans un grand bol et former un puits.

À l'aide d'un fouet battre l'œuf, le babeurre, le beurre, le sirop d'érable et le zeste de citron.

Ajouter le mélange liquide au bol de farine et mélanger vigoureusement jusqu'à l'obtention d'un mélange homogène.

Remplir le moule à muffins préalablement beurré à l'aide d'une cuiller à soupe.

Note : remplir les coupelles à muffins au ¾.

Cuire au four de 20 à 25 minutes ou selon le test du cure-dent (p.17).

Servir avec de la compote de fruits !

Variante

Les muffins sont délicieux avec du beurre et de la confiture.

Crème de cresson

4 portions

Ingrédients

2 pommes de terre
1 botte de cresson, lavé

4 à 5 tasses de bouillon de poulet ou de légumes
1 carotte (optionnelle)

Préparation

Faire bouillir le bouillon dans une casserole

Ajouter la pomme de terre, le cresson et la carotte.

Bouillir pendant 30 minutes.

Réduire au mélangeur.

Servir !

Cette soupe est rapide à préparer et constitue une bonne façon d'incorporer les cressons dans l'alimentation. Le cresson est une bonne source de vitamines C et E, ainsi que de fer et de calcium, qui aident à maintenir le système immunitaire fort et en santé.

Variante pour un repas familial :
Ajouter sel et poivre au goût avec un filet de crème.

Soupe légère de morue

4 portions

 **Ingrédients**

½ bulbe de fenouil haché
2 c. à soupe d'huile d'olive
1 petit poireau en rondelles
1 feuille de laurier
1 litre (4 tasses) de bouillon de légumes

1 grosse tomate mûre
1 gousse d'ail, hachée
1 c. à soupe de jus de citron (optionnel)
200 g de filet de morue sans arêtes

 Préparation

Faire revenir le fenouil, le poireau, la gousse d'ail et la feuille de laurier avec l'huile d'olive dans une casserole de taille moyenne.

Râper la chair de la tomate coupée en deux.

Ajouter la tomate et le bouillon de légumes à la casserole et faire bouillir pendant 15 minutes.

Vérifier que le filet de morue ne présente pas d'arêtes.

Ajouter les filets de morue à la soupe et laisser bouillir de 7 à 10 minutes ou jusqu'à ce que le poisson soit cuit. Vous pouvez ajouter le jus de citron pour rehausser le goût.

Servir !

Excellente source de protéines et d'acides gras oméga-3.

Flan aux asperges et fenouil

4 à 5 portions

Le meilleur des légumes de la saison !

Ingrédients

4 asperges cuites
½ bulbe de fenouil haché
1 ½ tasse de carottes ou de panais râpés
(ou un mélange des deux)

4 œufs
2 c. à soupe d'huile
Une pincée de basilic sec
1 c. à soupe de sauce tomate (optionnel)

Préparation

Préchauffer le four à 350 °F.

Faire revenir le fenouil dans une poêle avec 1 c. à soupe d'huile pendant 5 minutes.

Huiler un moule à pain ou un plat allant au four.

Placer la carotte ou le panais râpé dans le moule avec le reste de l'huile d'olive. Étendre en guise de deuxième couche le fenouil, puis les asperges en dernier sur le dessus.

Battre les œufs avec le basilic et la sauce tomate dans un bol.

Verser le mélange d'œufs dans le moule à pain.

Cuire au four pendant 30 minutes ou jusqu'à ce que l'œuf soit cuit.

Servir !

Stracciatella

1 portion

Simple, nourissante et délicieuse !

Ingrédients

1 œuf
1¼ tasse de bouillon de poulet (voir page 76)

2 c. à soupe d'orzo, de stelline ou
autres petites pâtes
Quelques feuilles de bébé bok-choy hachées
(optionnel)

Préparation

Faire bouillir le bouillon dans une casserole.

Ajouter les pâtes et laisser cuire 10 minutes de plus que le temps recommandé.

Casser l'œuf directement dans la casserole et fouetter vigoureusement avec un fouet.

Ajouter les feuilles de bok-choy à la casserole et laisser le tout bouillir quelques minutes de plus.

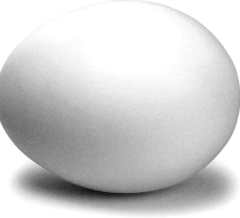

Croustade aux légumes

5 à 6 portions

Délicieuse variante savoureuse des croustades aux fruits que nous connaissons tous ! Vous pouvez remplacer le mélange de légumes selon la saison (voir page 8).

Ingrédients

2 poireaux en rondelles
3 épis de maïs sucré cuits ou 1 tasse de grains de maïs en conserve
Une pincée de noix de muscade moulue
Une pincée de cannelle moulue

1 c. à soupe d'huile d'olive
1 pomme épluchée, coupée en cubes (optionnel)
¼ tasse de flocons d'avoine
½ tasse de chapelure
3 c. à soupe de beurre froid

Préparation

Retirer les grains de maïs des épis à l'aide d'un couteau. Hacher grossièrement les grains pour les rendre plus faciles à mâcher.

Placer dans un plat allant au four les rondelles de poireaux, le maïs et les cubes de pommes avec 2 c. à soupe d'huile d'olive, la noix de muscade et la cannelle.

Préchauffer le four à 350 °**F**.

Mélanger les flocons d'avoine, la chapelure et le beurre dans un bol, puis saupoudrer le tout sur les légumes.

Cuire au four pendant 30 minutes.

Servir !

(vous pouvez compléter ce repas en l'accompagnant de viande ou en servant un dessert qui soit une source de protéine telle que : du lait maternel ou un pudding protéiné aux fruits p.94)

Variante

Pour un repas familial, vous pouvez convertir cette croustade en repas familial en y ajoutant ¾ tasse de fromage râpé (exemple : mozzarella) ainsi que du sel et du poivre au goût.

Pudding protéiné aux fruits

4 portions

Ingrédients

½ tasse de tofu soyeux
¼ tasse de lait de riz

1 tasse de fruits mûrs (abricots, fraises, bananes, bleuets, framboises, pêches, mangues, poires, cerises)
Une pincée de cannelle (optionnelle)

Préparation

Laver, éplucher et couper les fruits.

Réduire au mélangeur fruits, lait de riz et tofu jusqu'à l'obtention d'un mélange lisse et soyeux.

Servir !

Rapide à préparer et complet – protéines, minéraux, vitamines. Rien de mieux pour commencer une journée ou comme collation énergisante !

Note. – Conserver au réfrigérateur un maximum de 3 jours dans un contenant scellé hermétiquement.

Galette de pomme de terre

4 portions

Ingrédients

3 œufs
1 grosse pomme de terre bouillie
1 oignon haché

1 c. à soupe de persil haché
1 c. à soupe d'huile d'olive

Préparation

Faire revenir l'oignon avec l'huile dans une poêle antiadhésive de taille moyenne pendant 5 minutes.

Couper la pomme de terre bouillie en fines tranches.

Ajouter les tranches de pommes de terre à la poêle et mélanger.

Battre les œufs avec le persil dans un bol à l'aide d'une fourchette.

Verser le mélange d'œufs dans la poêle, couvrir et laisser cuire de 5 à 10 minutes à feu doux ou jusqu'à ce que l'œuf soit cuit.

Servir !

Note. – Vous pouvez accompagner la galette d'une salade de tomates simple (tomate, huile d'olive, basilic).

Salade poulet et avocat

4-6 portions

Salade qui peut aussi bien être servie à bébé qu'à maman et papa.

Ingrédients

1 avocat, coupé en cubes
1 tomate
2 pommes de terre bouillies, épluchées et coupées en cubes
3 c. à soupe d'huile d'olive

1 épi de maïs sucré, cuit (ou ¼ tasse de maïs en grain en conserve)
200 g de poitrine de poulet (d'élevage biologique de préférence)
Le zeste d'un citron (optionnel)
2 c. à café de jus de citron

 Préparation

Chauffer 1 c. à soupe d'huile d'olive dans une poêle et y faire cuire la poitrine de poulet. S'assurer que le poulet est bien cuit en vérifiant sa couleur au centre.

Passer la poitrine de poulet au hachoir ou la couper en très petits morceaux à l'aide d'un couteau.

Retirer les grains de maïs des épis, à l'aide d'un couteau. Hacher grossièrement les grains pour les rendre plus faciles à mâcher.

Laver et couper la tomate en moitiés. Râper la peau pour ne conserver que la chair.

Ajouter au bol l'avocat, la tomate, la pomme de terre, 2 c. à soupe d'huile d'olive, le jus de citron, le maïs, le poulet et le zeste de citron.

Servir !

Gaspacho

4 portions

Mélange explosif de vitamines aux propriétés antioxydantes !

Ingrédients

2 grosses tomates mûres*

1 tasse de cubes de melon d'eau rouge ou jaune, épépiné

2 c. à soupe d'huile d'olive

¼ de fenouil

2 à 3 tasses d'eau froide

* Si possible, préférer les tomates jaunes, car elles sont moins acides.

Préparation

Laver, couper et épépiner les tomates.

Réduire au mélangeur les tomates, le melon d'eau, l'huile d'olive et le fenouil avec 2 tasses d'eau, puis ajouter le reste peu à peu jusqu'à l'obtention de la texture désirée.

Servir !

Variante pour les grands

Le gaspacho est une entrée rafraîchissante pour un repas d'été.
Ajouter de la fleur de sel et du poivre au goût, un peu de vinaigre de riz
(1 c. à soupe par bol) et des croûtons.

Soupe presto au brocoli

4 portions

Ingrédients

½ brocoli
2 pommes de terre

1 carotte hachée
Bouillon de poulet ou de légumes

Préparation

Porter le bouillon à ébullition dans une casserole de taille moyenne.

Laver, éplucher et couper les pommes de terre.

Laver et couper grossièrement le brocoli. Éplucher les troncs avec un économe.

Ajouter le brocoli, les pommes de terre et la carotte au bouillon, puis laisser cuire de 20 à 30 minutes ou jusqu'à ce que les légumes soient tendres.

Passer la soupe au mélangeur.

Servir !

Le brocoli est classé comme un superaliment. C'est une excellente source de vitamine C, de bêta-carotène, d'acide folique, de calcium, de fer et de potassium. N'hésitez surtout pas à l'inclure souvent dans vos menus !

Soupe orange

4 à 5 portions

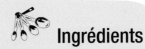

Ingrédients

1 tasse de courge musquée en cubes
2 carottes
1 patate douce

1 oignon
4 tasses de bouillon de poulet ou de légumes
Une pincée de cannelle (optionnel)

Préparation

Porter le bouillon à ébullition dans une casserole de taille moyenne.

Laver, éplucher et hacher grossièrement les légumes

Ajouter les légumes au bouillon, couvrir et laisser mijoter de 20 à 30 minutes ou jusqu'à ce que les légumes soient tendres.

Réduire au mélangeur.

Servir !

Soupe remplie de fibres, de minéraux et de bêta-carotènes, la source végétale de vitamine A. Tout pour que votre poupon soit en pleine forme !

Variante pour le repas familial : Râpez un peu de gingembre frais directement dans votre bol à soupe, ajoutez du sel et du poivre au goût, une cuiller de yaourt méditerranéen ou de crème sûre et de la coriandre fraîche hachée. Bon appétit !

Petit ragoût

4 à 5 portions

Les petits ragoûts comme celui-ci sont très savoureux et requièrent peu d'effort. Il suffit de les laisser cuire à feu doux pendant quelques heures; les saveurs se développent et une odeur réconfortante embaume la cuisine. Il n'y a rien de mieux lors d'une froide journée d'hiver!

Ingrédients

2 carottes en rondelles
2 pommes de terre en cubes
1 oignon en dés
¼ bulbe de fenouil haché
200 g de bœuf (épaule ou rôti de palette) en cubes
(d'élevage biologique de préférence)

3 c. à soupe d'huile
1 tasse de bouillon de légumes
¼ de tasse de farine non blanchie
1 pomme en cubes (optionnel)
¼ de tasse de raisins secs (optionnel)

Préparation

Faire revenir l'oignon avec la carotte et le fenouil dans une casserole pendant 5 minutes.

Saupoudrer les cubes de viande avec de la farine et retirer l'excès.

Ajouter la viande dans la casserole et faire dorer les cubes de tous les côtés.

Verser le bouillon de légumes et faire bouillir, puis ajouter les pommes de terre ainsi que la pomme et les raisins secs.

Couvrir et laisser mijoter de 4 à 6 heures à feu doux en remuant de temps en temps.

Servir !

Pilaf d'automne à l'orge perlée

6 à 7 portions

Ce pilaf, avec sa belle variété de légumes et son petit coté sucré, risque d'être un accompagnement très apprécié du temps des fêtes.

Ingrédients

1 oignon en dés
1 tasse de courge musquée en cubes
1 zucchini tranché en demi-lunes
1 panais haché
¼ tasse de dattes hachées
¼ tasse d'abricots non sulfurisés, hachés
¼ tasse de persil haché

1 tomate en dés
1 gousse d'ail écrasée
1 pincée de cannelle
¾ de tasse d'orge perlé
3 tasses de bouillon de poulet
3 c. à soupe d'huile d'olive
Une pincée d'anis moulu (optionnel)

Préparation

Faire revenir l'oignon avec l'huile d'olive dans une casserole pendant quelques minutes.

Ajouter la tomate, le panais, la courge, l'ail, le zucchini, les dattes, les abricots, la cannelle, l'orge et l'anis. Laisser dorer pendant 5 minutes en remuant de temps en temps.

Verser le bouillon de poulet et porter à ébullition, puis couvrir et laisser mijoter à feu très doux pendant environ 3 heures ou jusqu'à ce que l'orge absorbe le bouillon et soit très tendre.

Ajouter le persil haché une fois le pilaf cuit.

Servir !

Variante

Pour une repas familial, vous n'avez qu'à ajouter un peu de sel et de poivre !

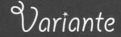

Pommes au four

4 à 6 portions

Après la cueillette des pommes et maints pots de compote, pourquoi ne pas faire des pommes au four? Riche en fibres et en minéraux, voilà un dessert sans sucre ni culpabilité.

Ingrédients

¼ tasse de dattes
¼ tasse d'abricots non sulfurisés
¼ tasse de raisins secs
3 c. à soupe de sirop d'érable
¼ c. à café de cannelle

4 petites pommes
2 c. à soupe de beurre ramolli
¼ tasse d'eau bouillante
1 c. à café d'extrait de vanille

Préparation

Préchauffer le four à 325 °F.

Laver les pommes et enlever le tronçon.

Hacher les fruits secs (dattes, abricots et raisins) au couteau ou au robot culinaire en faisant des pulsations.

Mélanger dans un bol les fruits secs (dattes, abricots et raisins), le beurre, le sirop d'érable.

Placer les pommes dans un plat allant au four et farcir généreusement du mélange de fruits secs.

Verser dans le plat l'eau bouillante et l'extrait de vanille.

Cuire au four de 30 à 45 minutes ou jusqu'à ce que les pommes soient tendres et fondantes.

Servir tiède !

Bébé Bortsch

4 à 5 portions

Merveilleuse potion magique
à la couleur rose ! Une soupe
réconfortante, bourrée de
vitamines et de minéraux.

Ingrédients

1 betterave
1 pomme de terre
2 carottes
1 poireau
1 petit oignon

3 c. à soupe d'huile d'olive
une branche de thym (optionnel)

 Préparation

Laver et éplucher les légumes, puis les couper en cubes.

Faire revenir les légumes avec l'huile d'olive dans une casserole pendant quelques minutes et ajouter de 3 à 4 tasses d'eau avec le thym.

Laisser mijoter pendant une vingtaine de minutes ou jusqu'à ce que les légumes soient tendres.

Servir !

(Ne vous alarmez pas si votre enfant a des selles ou une urine de couleur rose, c'est causé par un pigment inoffensif dans la betterave.)

Note

Vous pouvez y ajouter 1 c. à café de yaourt nature.

Boulettes
au poisson

4 portions

Ma nièce Emma adore !

Ingrédients

150 g de poisson blanc haché
(merlan, flétan ou tilapia)
50 g de saumon
1 jaune d'œuf
2 c. à soupe de chapelure
2 c. à soupe de persil haché
500 ml de coulis de tomate

1 oignon haché
3 c. à soupe d'huile d'olive
1 zucchini tranché en demi-lunes
1 grosse pomme de terre, épluchée, en cubes
1 pincée de curcuma
1 pincée de cumin (optionnel)
½ tasse d'eau

Préparation

Faire revenir l'oignon avec 2 c. à soupe d'huile d'olive dans une poêle à frire pendant 5 minutes.

Verser le coulis et l'eau dans la poêle et porter à ébullition.

Ajouter la pomme de terre et le zucchini.

Dans un bol, mélanger le poisson haché, le jaune d'œuf, le persil, le curcuma et le cumin.

Former de petites boulettes.

Note. – Il est pratique d'avoir un petit bol d'huile à proximité pour humecter vos mains avant de former chaque boulette. Les magasins d'articles de cuisine vendent un gadget pour former des boulettes si vous préférez ne pas le faire avec vos mains.

Déposer chaque boulette directement dans la casserole. Couvrir la poêle et laisser cuire de 30 à 40 minutes. Si la sauce est trop liquide, laisser bouillir sans couvercle de 5 à 10 minutes pour réduire la sauce.

Servir !

Variante pour les grands

Si vous trouvez les boulettes trop fades, accompagnez-les d'un peu de moutarde de Dijon.

Boulettes d'agneau, sauce tomate et pommes de terre

4 à 6 portions

Un régal tant pour les parents que les enfants !

Ingrédients

200 g d'agneau haché* (d'élevage biologique de préférence)
1 jaune d'œuf
2 oignons hachés
2 pommes de terre moyennes (ou patates douces)
1 c. à soupe d'huile d'olive

2 c. à soupe de chapelure
1 zucchini râpé
2 tasses de coulis de tomate
* Vous pouvez remplacer l'agneau par du veau ou du bœuf.

Préparation

Faire revenir les oignons avec l'huile d'olive dans une casserole, couvrir et laisser ramollir pendant quelques minutes.

Note. – Si vous avez le temps, vous pouvez laisser les oignons caraméliser à feu doux de 30 à 40 minutes tout en remuant de temps en temps.

Laver et couper les pommes de terre ou patates douces.

Mélanger dans un bol l'agneau, la chapelure, le jaune d'œuf et la moitié du sel à l'aide d'une cuiller ou à la main.

Former les boulettes et les placer dans une assiette, puis réserver au réfrigérateur. Note. – Il est pratique d'avoir un petit bol d'huile à proximité pour humecter vos mains avant de former chaque boulette. Les magasins d'articles de cuisine vendent un gadget pour former des boulettes si vous préférez ne pas le faire avec vos mains.

Ajouter les pommes de terre (ou patates douces) et l'eau, puis faire bouillir. Ajouter les boulettes et laisser mijoter de 30 à 40 minutes.

Servir !

Variante pour les grands

Ajoutez du sel et poivre au goût, et de la moutarde de Dijon ou une sauce piquante.

Soupe de lentilles

6 portions

Agrémentez le repas d'une source de vitamine C (brocoli, jus d'orange, tomate) pour améliorer l'absorption du fer contenu dans les lentilles.

Ingrédients

1 tasse de lentilles brunes
4 tasses d'eau
1 pomme épluchée, en cubes
2 carottes hachées

1 oignon en dés
1 c. à soupe de riz, de quinoa ou d'amarante en grains

Préparation

Faire revenir l'oignon, les lentilles et le riz (ou le quinoa ou l'amarante) dans une casserole avec l'huile d'olive pendant quelques minutes.

Verser l'eau dans la casserole et porter à ébullition.

Ajouter la pomme et les carottes, couvrir, puis laisser mijoter pendant 2 heures.

Réduire au mélangeur.

Servir !

Bolognaise junior

4 à 5 portions

Ingrédients

1 tasse de stelline (petites étoiles) ou d'orzo (non cuites)
1 oignon en cubes
1 tasse de coulis de tomates
100 g de bœuf ou de veau haché
1 carotte hachée

¼ de tasse de champignons hachés (optionnel)
1 tranche de céleri (optionnel)
2 c. à soupe d'huile d'olive
1 gousse d'ail hachée
1 pincée de basilic séché ou quelques feuilles fraîches

 ## Préparation

Dans une casserole, faire revenir l'oignon avec la carotte, le céleri et les champignons pendant 5 minutes.

Ajouter la viande et mélanger, puis laisser cuire de 5 à 10 minutes.

Verser le coulis de tomate et ajouter le basilic et l'ail.

Cuire à feu doux sans couvrir de 20 à 30 minutes en remuant de temps en temps.

Faire bouillir de l'eau et cuire les pâtes au moins 10 minutes de plus que le temps recommandé pour qu'elles soient bien molles.

Servir !

Variante pour les grands

Doublez ou triplez la recette de la sauce. Réservez une portion pour votre petit et l'autre pour vous ! Ajoutez : • Sel et poivre au goût • ¼ de tasse de parmesan râpé • ¼ de tasse de vin blanc • 1 à 2 c. à soupe de pesto (optionnel) • ½ c. à café de noix de muscade moulue Laissez mijoter de 15 à 20 minutes sans couvrir et servez avec les pâtes de votre choix.

Le premier anniversaire

Au menu

Madeleines

1. Madeleines à l'orange
2. Madeleines vanille et raisins secs
3. Madeleines au chocolat

Salades de fruits

1. La classique
2. Salade tropicale
3. Salade estivale

Biscuits

1. Biscuits aux abricots, raisins et chocolat
2. Petits biscuits farcis

Petits sandwichs

1. Mille-pattes aux œufs
2. Poissons rigolos au thon
3. Sandwich au fromage à la crème et au concombre
4. Pain brioché et fromage

Trempettes

1. Trempette à la betterave
2. Guacamole
3. Trempette à la crème sure

Boissons

Smoothie 1 : Bleuets, pêches et banane

Smoothie 2 : Mangue, fraises et pomme

Smoothie 3 : Framboises, poires et vanille

Boisson 4 : Chocolat chaud

Gâteaux

1. Banane-chocolat
2. Pommes-cannelle
3. Carottes-raisins

Glaçages

1. Ganache au chocolat
2. Crème fouettée
3. Glaçage au citron
4. Glaçage au fromage blanc à la crème

Le premier anniversaire

Comme le temps est vite passé ! Votre bout de chou va avoir un an ; voilà une occasion toute trouvée pour faire la fête !

Les recettes qui suivent sont simples à réaliser. Elles vous garantissent des coups de cœur de la part des petits et des grands, tout en vous offrant une variété de choix pour élaborer le menu d'anniversaire aux goûts des invités. Aux fourneaux !

Madeleines (orange, raisins ou chocolat)

Pour 18 madeleines à l'orange	Pour 18 madeleines vanille et raisins secs	Pour 18 madeleines au chocolat
Ingrédients :	**Ingrédients :**	**Ingrédients :**
1 ½ tasse de farine	1 ½ tasse de farine	1 ½ tasse de farine
1 tasse de sucre	1 tasse de sucre	1 tasse de sucre
1 c. à thé de poudre à pâte	1 c. à thé de poudre à pâte	1 c. à thé de poudre à pâte
½ c. à thé de sel	½ c. à thé de sel	½ c. à thé de sel
¼ de tasse d'eau	¾ de tasse de lait	¾ de tasse de lait
6 œufs séparés	6 œufs séparés	6 œufs séparés
½ tasse d'huile de tournesol	½ tasse d'huile de tournesol	½ tasse d'huile de tournesol
Zeste de 2 oranges	1 c. à thé de vanille	1 tasse de chocolat mi-noir râpé
½ tasse de jus d'orange	Zeste de 1 citron	
	1 tasse de raisins secs hachés*	
	vous pouvez remplacer les raisins par des pépites de chocolat	

Préchauffer le four à 350 °F.

Si vous avez choisi la recette des madeleines au chocolat, chauffer le lait dans une casserole en y incorporant le chocolat pour le faire fondre. Réserver et laisser refroidir.

Dans un bol, mélanger la farine, la poudre à pâte et le sel puis creuser un puits au centre. Réserver.

Dans un second bol, fouetter les jaunes d'œufs et le sucre à l'aide d'un batteur électrique jusqu'à l'obtention d'un mélange blanchâtre. Tout en continuant à fouetter, incorporer l'huile puis le jus et l'eau (ou le lait, selon la recette). Ajouter le zeste et les raisins secs si la recette en contient.

Incorporer les liquides aux ingrédients secs tout en mélangeant vigoureusement à la cuillère pour obtenir une texture homogène.

À l'aide du batteur électrique, monter les blancs en neige jusqu'à l'obtention de pics fermes et incorporer délicatement à la pâte.

Remplir des moules à muffins (avec caissette) à l'aide d'une grosse cuillère.

Cuire au four de 15 à 20 minutes ou jusqu'à ce que le test du cure-dent (p. 17) soit concluant.

Pour des idées de glaçage, consulter la page 148. Je vous suggère les madeleines au chocolat avec crème fouettée, les madeleines à l'orange avec glaçage au chocolat et les madeleines aux raisins secs avec un glaçage au citron.

L'incontournable salade de fruits

Voici l'incontournable de toute célébration. La salade de fruits est toujours un choix gagnant lors d'un goûter ou à la fin d'un repas. Elle accompagne bien les desserts gourmands et constitue une excellente façon de manger sa portion quotidienne de fruits.

Trois thèmes vous sont proposés.

Vous pouvez préparez la salade le jour de la fête et conservez-la au réfrigérateur jusqu'au moment de la servir.

Je vous laisse déterminer les quantités, selon le nombre d'invités.

Prenez garde : les fruits coupés donnent rapidement de grosses quantités de salade, alors il n'est pas nécessaire de préparer plus de deux ou trois fruits de chaque sorte pour satisfaire une douzaine de personnes.

Ingrédients

La classique	Salade tropicale	Salade estivale
banane	banane	pastèque
poire mûre (rouge Anjou ou Bartlett)	mangue	fraises ou framboises
orange	kiwi	bleuets ou mûres
pomme	ananas	pomme (Granny Smith)
raisins	pomme	menthe
¼ de tasse de jus d'orange	¼ de tasse de jus d'orange	¼ de tasse de jus d'orange
1 c. à soupe jus de citron	1 c. à soupe de jus de citron	1 c. à soupe de jus de citron

 Préparation

Laver les fruits et les éplucher si nécessaire.

Couper en petits cubes et placer dans un bol avec les jus d'agrumes.

Conserver au réfrigérateur jusqu'au moment de servir.

En ce qui concerne la menthe, vous pouvez la laver, la faire sécher, la hacher et la conserver au réfrigérateur puis l'ajouter à la préparation avant de servir.

Servir !

Biscuits aux abricots, raisins et chocolat

3 douzaines

Ingrédients

1 tasse de farine non blanchie
½ tasse de farine de blé entier, d'épeautre ou d'avoine
⅔ de tasse de sucre de canne non raffiné
½ tasse de beurre non salé
2 œufs
¾ de tasse de pépites de chocolat

⅓ de tasse d'abricots secs non sulfurisés (en vente dans les magasins de produits naturels)
¼ de tasse de raisins secs
2 c. à thé de poudre à pâte
1 c. à thé d'extrait de vanille
1 pincée de sel
1 pincée de cannelle (facultative)
1 pincée de cardamome moulue (facultative)

 ## Préparation

Préchauffer le four à 350 °F.

Battre le beurre et le sucre jusqu'à l'obtention d'un mélange blanchâtre. Ajouter les œufs au tout en continuant à battre. Réserver.

Dans un bol, mélanger la farine, la poudre à pâte, le sel, la cannelle et la cardamome.

Hacher les abricots secs au couteau ou au robot culinaire. Incorporer les pépites de chocolat, les raisins et les abricots au mélange de farine.

Incorporer le mélange liquide au mélange solide, et brasser à l'aide d'une cuillère.

Sur une plaque à biscuits recouverte de papier ciré, déposer des portions (1 c. à soupe de pâte à biscuits), espacées de 5 cm.

Cuire au four de 15 à 20 minutes ou jusqu'à ce que les biscuits soient légèrement dorés.

Servir !

Petits biscuits farcis

2 douzaines

Vous n'avez besoin que d'un bol pour préparer votre pâte à biscuits qui peut être faite à l'avance !

 Ingrédients

2 tasses de farine non blanchie
½ tasse de sucre glace
1 tasse de beurre non salé, ramolli
1 c. à soupe de jus d'orange

1 c. à thé d'extrait de vanille
1 c. à soupe de zeste d'orange
1 pincée de sel

 Préparation

À l'aide d'un batteur électrique, fouetter le beurre, le sucre glace et le sel dans un bol jusqu'à l'obtention d'un mélange homogène et aéré. Ajouter le jus d'orange, l'extrait de vanille et le zeste. Ajouter la farine peu à peu tout en mélangeant à la cuillère.

 Laisser la pâte reposer pendant 1 heure au réfrigérateur ou la conserver jusqu'au lendemain.

Préchauffer le four à 350 °F.

Sur une plaque à biscuits recouverte de papier ciré, placer des boules aplaties correspondant plus ou moins à 1 c. à thé bien remplie, en les espaçant d'environ 3 cm.

Cuire au four de 10 à 15 minutes ou jusqu'à ce que la base des biscuits soit dorée.

Servir tels quels ou farcir.

La farce :

Option 1 : faire fondre ½ tasse de pépites de chocolat au bain-marie ou au micro-ondes par tranches de 20 secondes.

Option 2 : prendre un pot de confiture à la framboise ou à l'abricot

(par exemple Bonne Maman).

À l'aide d'un couteau à tartiner, étaler le chocolat ou la confiture sur un biscuit et couvrir d'un autre biscuit pour former un sandwich.

Mille-pattes
aux oeufs

10 bouchées

Ce mélange peut se préparer à l'avance et se réfrigérer.

Ingrédients

2 ½ bagels (blancs, garnis ou de blé entier)
6 œufs durs
2 c. à soupe de mayonnaise
1 à 2 c. à thé de moutarde de Dijon
2 c. à soupe de persil haché

1 c. à soupe d'oignon rouge très finement haché (facultatif)
Zeste de 1 citron
Sel et poivre au goût

Préparation

Écraser les œufs à la fourchette ou à l'aide du robot culinaire.

Ajouter la mayonnaise, la moutarde, le zeste de citron, le sel, le poivre et l'oignon puis mélanger. Ajouter le persil à la fin.

Couper chaque bagel en 8 morceaux.

Suggestion de présentation

• Placer les morceaux de bagel en zigzag sur une assiette de service.

• Étendre la farce aux œufs sur les morceaux de bagel.

Le mille-pattes :

• La tête : 1 tomate cerise

• Les antennes : 2 feuilles de bébé épinard ou 2 branches de persil

• Les yeux : 2 grains de poivre noir

• Les pattes : petites carottes ou concombre coupé en juliennes (bâtonnets)

• La queue : ¼ de radis

• Le dos : poivron coupé en petits triangles

Servir !

Ingrédients

½ baguette (blanche ou au blé entier)

1 boîte de conserve de thon

1 c. à soupe d'olives hachées, noires ou vertes

1 c. à soupe de coriandre hachée

1 c. à soupe de mayonnaise

1 c. à thé de moutarde de Dijon

2 c. à soupe de tomates séchées hachées

Sel et poivre au goût

 Préparation

À l'aide d'une fourchette, émietter le thon dans un bol.

Ajouter la mayonnaise, la moutarde, les tomates séchées, les olives, le sel et le poivre puis mélanger. En dernier lieu, ajouter la coriandre.

Couper la demi-baguette en 10 rondelles.

Suggestion de présentation

• Étendre la farce de thon sur les rondelles de baguette.

Le poisson :

• L'œil : 1 rondelle d'olive

• La queue : rondelles de zucchini

• Les bulles d'eau : rondelles de radis

Servir !

Sandwich au fromage à la crème et au concombre

16 bouchées

Ingrédients

½ concombre anglais, coupé en fines rondelles
½ tasse de fromage à la crème

8 tranches de pain carré

Préparation

Griller légèrement les tranches de pain au grille-pain ou au four.

Tartiner toutes les tranches de pain de fromage à la crème.

Disposer les rondelles de concombre sur une tranche de pain puis en placer une autre sur les concombres pour former un sandwich.

Enlever les croûtes et couper chaque sandwich en 4 petits triangles.

Servir !

Le classique anglais à l'heure du thé.

Pain brioché au fromage

12 bouchées

 **Ingrédients**

¼ de tasse de beurre
180 g de mozzarella tranchée

12 tranches de pain brioché frais

 Préparation

Découper les tranches de pain avec un emporte-pièce en forme d'étoile ou d'une autre forme. Tartiner toutes les étoiles de pain avec du beurre.

Disposer les tanches de fromage sur une tranche de pain puis placer une autre tranche de pain sur le fromage pour former un sandwich.

Servir !

Mon sandwich d'anniversaire préféré !

Trempettes et crudités

Suggestions de légumes pour trempette :

Un peu de bonne musique et on se retrousse les manches ! On lave les légumes, on coupe, et en un tournemain c'est prêt !

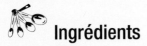

Ingrédients

Crudités
- mini carottes
- zucchini
- céleri
- concombres
- tomates cerises
- radis
- poivrons
- pois mange-tout

- fleurettes de brocoli
- fleurettes de chou-fleur
- fenouil
- endives
- jicama

Au four
- pomme de terre (Yukon Gold)
- patate douce

Préparation pour pomme de terre et patate douce

Préchauffer le four à 350 °F.

Laver à la brosse les pommes de terre et les patates douces (conserver la peau si elle est mince, sinon éplucher). Couper les légumes en ¼ ou en ⅛, selon leur taille et leur forme.

Dans un bol, verser sur les légumes racines un filet d'huile d'olive*. Ajouter du sel et du poivre au goût puis mélanger le tout.

Étaler le contenu du bol sur une plaque à biscuits recouverte de papier d'aluminium.

Cuire au four de 20 à 30 minutes ou jusqu'à ce que les légumes soient dorés.

Environ 1 c. à soupe pour 2 pommes de terre.

Trempette à la betterave

6 à 8 personnes

La couleur flamboyante de cette trempette, en plus de son goût fort agréable, vaut les quelques minutes supplémentaires que vous consacrerez à sa préparation.

Ingrédients

2 petites betteraves bien fermes
⅔ de tasse) de yogourt nature méditerranéen
1 gousse d'ail hachéc finement
2 c. à thé de zeste d'orange

2 ½ c. à soupe de menthe fraîche hachée
2 c. à soupe d'huile d'olive
½ c. à thé de cannelle
Sel et poivre au goût

Préparation

Laver et éplucher les betteraves puis les broyer au robot culinaire ou les râper finement. Réserver.

Dans un bol, mélanger le yogourt, le zeste d'orange, l'huile d'olive, l'ail, le sel, le poivre et la cannelle.

Incorporer les betteraves au mélange de yogourt et conserver au réfrigérateur.

Incorporer 2 c. à soupe de feuilles de menthe lavées, séchées et hachées dans la trempette et réserver le reste pour la décoration.

Réfrigérer jusqu'au moment de servir.

Guacamole

6 à 8 personnes

Ingrédients

3 avocats mûrs
2 c. à soupe de jus de lime (au goût)
1 c. à soupe de coriandre hachée

2 c. à soupe de crème sure ou quelques flocons de piment (facultatifs)
Sel et poivre au goût

Préparation

Couper les avocats en 2. Tracer dans chaque moitié des lignes verticales et horizontales avec un couteau pour former des cubes.

À l'aide d'une cuillère, déposer les cubes dans un bol.

Ajouter dans le bol le jus de lime, le sel, le poivre et la crème sure (ou les flocons de piment) puis mélanger et écraser avec une fourchette pour obtenir une texture lisse tout en gardant des petits morceaux d'avocat.

Servir !

Le plus important dans cette recette est de trouver des avocats bien mûrs.

Trempette à la crème sure

6 à 8 personnes

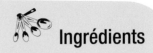

Ingrédients

¾ de tasse de crème sure
2 c. à thé de jus de citron
1 c. à soupe d'huile d'olive

1 ½ c. à soupe de ciboulette hachée
½ c. à thé de zeste de citron
Sel et poivre au goût

Préparation

Dans un bol, mélanger à l'aide du fouet l'huile d'olive et le jus de citron.

Ajouter la crème sure, le zeste de citron, le sel, le poivre et la ciboulette.

Réfrigérer jusqu'au moment de servir.

Un classique, simple comme tout et absolument fantastique pour accompagner les pommes de terre et les patates douces cuites au four.

Smoothies

6 à 8 personnes

Frais et délicieux !

Ingrédients

Bleuets, pêches et banane

½ tasse de bleuets
½ tasse de pêches
½ banane mûre
3 à 4 tasses de lait de vache ou de riz

Mangue, fraises et pomme

½ tasse de mangue coupée en morceaux
½ tasse de fraises
1 pomme
3 à 4 tasses de lait de vache ou de riz

Framboises, poires et vanille

½ tasse de framboises
1 tasse poire coupée en morceaux
3 à 4 tasses de lait de riz à la vanille

Préparation

Laver, éplucher et couper les fruits.

Réduire les fruits en purée au robot culinaire avec 3 tasses de lait de vache (ou de riz). Vous pouvez ajouter quelques glaçons si vous utilisez des fruits frais et non congelés. Ajouter jusqu'à 1 tasse de lait pour obtenir la texture désirée.

Servir dans un pichet !

Chocolat chaud

6 personnes

Attention, c'est un peu chaud !

Ingrédients

5 tasses de lait de vache
5 c. à soupe de cacao

¼ à ⅓ de tasse de sirop d'érable
Mini guimauves et bâtonnet de cannelle
(facultatifs)

Préparation

Mélanger vigoureusement le cacao et le sirop d'érable dans un bol.

Faire bouillir le lait dans une casserole.

Incorporer le lait chaud au mélange de cacao.

Servir !

Gâteau d'anniversaire

12 à 16 personnes

Ce gâteau moelleux se fait en un tournemain au robot culinaire.

Ingrédients

¾ de tasse de yogourt nature
1 c. à soupe de poudre à pâte
½ tasse de beurre non salé
⅔ à ¾ de tasse de sucre

2 œufs
1 c. à thé d'extrait de vanille
1 ½ tasse de farine non blanchie

½ tasse de farine de blé entier, d'avoine ou d'épeautre
1 pincée de sel

Parfums :

Banane-chocolat

2 bananes mûres écrasées
1 tasse de pépites de chocolat

Glaçage suggéré :
Ganache au chocolat (p. 146)

Pomme-cannelle

1 ½tasse de pommes râpées
1 c. à thé d'extrait de vanille
½ c. à thé de cannelle

Glaçage suggéré :
Crème fouettée (p.147)

Carottes-raisins

2 tasses de carotte râpée
⅓ de tasse de mélasse
½ tasse de raisins secs
(ATTENTION : utiliser ⅔ de tasse de sucre pour la recette de base)
½ c. à thé de cannelle (facultative)

Glaçage suggéré :
Glaçage au fromage blanc (p. 149)

Préparation

Préchauffer le four à 350 °F.

Dans un robot culinaire, mélanger le beurre, le sucre et la vanille. Ajouter le yogourt et les œufs puis mélanger à nouveau.

Ajouter la farine et la poudre à pâte et mélanger au robot jusqu'à l'obtention d'une pâte homogène.

À l'aide d'une cuillère, incorporer les ingrédients du parfum désiré.

Versez la pâte à gâteau dans un moule antiadhésif (rond, carré ou à cheminée) préalablement beurré.

Cuire au four de 40 à 50 minutes ou jusqu'à ce que le test du cure-dent (p. 17) soit concluant.

Laisser refroidir.

Tartiner le gâteau de glaçage. Note : vous pouvez couper le gâteau en 2 horizontalement, napper la base de glaçage pour ensuite déposer l'autre moitié dessus et terminer le glaçage.

Ganache au chocolat

1 ¼ tasse de ganache

Ingrédients

½ tasse de crème à 35 %
200 g de chocolat mi-sucré, haché en morceaux

Zeste de 1 orange (facultatif)

Préparation

Porter à ébullition la crème dans une casserole puis réduire le feu au minimum.

Ajouter les morceaux de chocolat et laisser fondre en remuant de temps à autre.

Laisser refroidir à la température ambiante pour obtenir une texture coulante ; placer la préparation au réfrigérateur pour une texture plus épaisse.

Crème fouettée

2 tasses de glaçage

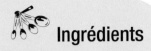
Ingrédients

1 tasse de crème à 35 %
2 c. à soupe de sucre glace

1 c. à thé d'extrait de vanille (facultatif)

Préparation

À l'aide d'un batteur électrique réglé à vitesse moyenne, fouetter la crème et le sucre glace dans un bol froid jusqu'à l'obtention de piques fermes.

Ajouter l'extrait de vanille, si désiré, et mélanger à la cuillère.

Glaçage au citron

³/₄ de tasse de glaçage

 Ingrédients

1 tasse de sucre glace

8 à 9 c. à thé de jus de citron

 Préparation

Dans un bol, mettre le sucre glace et ajouter peu à peu le jus de citron tout en battant jusqu'à l'obtention d'une pâte épaisse et lisse.

Couvrir et réserver à la température ambiante jusqu'au moment d'utiliser.

Glaçage au fromage blanc

2 tasses de glaçage

Ingrédients

½ tasse de crème à 35 %
⅔ de tasse de mascarpone
⅓ de tasse de crème sure

⅓ de tasse de sucre
Zeste de 1 citron (facultatif)

Préparation

Dans un bol, fouetter la crème sure, le sucre, le mascarpone et le zeste de citron.

À l'aide d'un batteur électrique réglé à vitesse moyenne, fouetter la crème dans un bol froid jusqu'à l'obtention de piques fermes.

Incorporer la crème fouettée dans le mélange de fromage et réfrigérer jusqu'au moment d'utiliser.

1 an et plus

Un an déjà! Votre petit bout de chou est maintenant une petite personne qui déambule à sa guise dans la maison et exprime sa volonté en gestes et en sons.

Durant cette première année, alors que son taux de croissance était à son sommet, le poids de votre enfant a triplé pendant que celui-ci a goûté aux meilleurs produits de chaque saison. À partir de maintenant, plusieurs nouveaux défis et joies alimentaires se présenteront à lui!

Alimentation à 1 an

Jusqu'à l'âge de deux ans, un enfant est très curieux et goûte plus facilement des aliments différents. Profitez-en pour lui faire explorer le monde gastronomique! Préparez-lui une variété de grains entiers cuits ou sous forme de pains et céréales, des légumineuses, des légumes et des fruits. Une alimentation diversifiée est une des meilleures façons de s'assurer que votre enfant consomme tous les nutriments nécessaires à sa croissance et à sa santé.

Portions

Pour déterminer les portions, il s'agit de se laisser guider par l'appétit de l'enfant ; tant et aussi longtemps que sa taille et son poids suivent les courbes normales de développement et qu'il démontre de l'entrain, il est inutile de rationner les quantités ingérées.

Cependant, évitez de l'encourager à manger sans faim, à manger pour faire plaisir ou à refuser de manger pour attirer l'attention.

En Amérique du Nord, le taux d'obésité infantile frôle des sommets jamais atteints dans l'histoire. Toutefois, si votre bébé est dodu, il n'y a pas lieu de vous inquiéter. Un bébé dodu perdra probablement ses rondeurs et atteindra un poids normal pendant ses années préscolaires. Des rondeurs à la petite enfance ne sont pas un indice d'embonpoint à venir. Une alimentation faible en gras est fortement déconseillée durant la petite enfance, car elle peut affecter la croissance et nuire au développement. Par contre, si on recense des cas d'obésité et de surpoids parmi les membres de la famille, consultez votre pédiatre pour faire un suivi régulier et encouragez votre enfant à être actif physiquement.

À déguster

Printemps	Été
Saumon grillé Œufs brouillés Pizza presto Gratin de légumes Bâtonnets de sole	Crêpes Miel pour crêpes Gratin et salade de tomates Galettes de maïs Croustade de fin d'été Quesadillas au fromage et aux zucchinis Salsa olé
Automne	**Hiver**
Pâté chinois fusion Pilaf de quinoa et tofu Crème de chou-fleur Mijoté de poulet Arroz con leche (riz au lait)	Pain perdu repas Velouté de panais et de betterave Gnocchis à la crème et aux poireaux Couscous au lait et aux fruits secs Lasagne pour les petits

Menu

Au menu des 12 mois
Matinée : fruit ; céréales pour bébé ; lait.   Jus frais ou fruits.

Midi : repas composé de protéines (produits laitiers, viande,
     volaille, poisson, légumineuses), glucides (grains et
     céréales) et légumes.
     Fruits pour dessert.

Après-midi : collation (par exemple : rôtie avec fromage,   muffin, crêpe, arroz con leche, lait).

Soir : repas composé de protéines (produits laitiers, viande,
     volaille, poisson, légumineuses), glucides (grains et
     céréales) et légumes.
     Fruits pour dessert.
     Lait

Pratico-pratique

- Laissez votre petit participer au repas familial et goûter aux aliments qui se trouvent dans votre assiette

- Amusez-vous avec la présentation de ses plats et prenez du plaisir à l'heure du repas.

Petit rappel :

- Évitez les noix, les charcuteries, les fruits de mer ; ne lui donnez pas de viande, de poisson cru ou d'œufs crus.

- Vous pouvez maintenant lui servir du lait de vache entier.

- Évitez les aliments à haute teneur en sucre ou en sel.

Saumon grillé

4 portions

Excellente source de calcium et de vitamine D, qui jouent un rôle essentiel dans la santé et le développement des os. Le saumon, ainsi que d'autres poissons gras, est une source d'acides gras oméga-3 essentiels au développement et à l'équilibre du système nerveux et des fonctions cérébrales.

Ingrédients

1 c. à thé de graines de fenouil
1 ½ c. à soupe de miel
3 c. à soupe de sauce soya réduite en sodium

1 c. à thé de jus de citron
300 g de filets de saumon sauvage
1 c. à soupe d'huile d'olive

Préparation

Optionnel : Dans une poêle, faire dorer à feu doux les graines de fenouil pour les rôtir. Cela ne prend qu'une minute ou deux.

Préchauffer le four à 450 °**F**.

Mélanger dans un bol la sauce soya, le miel, le jus de citron et les graines de fenouil.

Placer le saumon sur une plaque recouverte de papier d'aluminium.

Badigeonner les filets de saumon avec la sauce à l'aide d'une cuillère ou d'un pinceau.

Faire cuire au four de 10 à 15 minutes. Couper les filets au centre pour vous assurer que le poisson est entièrement cuit.

Servir !

Idées de mets d'accompagnement

- purée de petits pois et panais (voir page 74) ;
- purée de pommes de terre (voir page 24) ;
- salade de tomates (voir page 166) ;
- riz blanc et légumes vapeur (bok-choy, carottes, zucchinis, brocoli…).

Oeufs brouillés

1 portion

L'œuf est une source de protéines complète. De plus, il contient du fer et du potassium ; il est aussi une des principales sources de vitamine A, essentielle à l'équilibre du système immunitaire.

Ingrédients

1 œuf
1 c. à soupe de lait
1 c. à thé d'huile de tournesol

1 c. à soupe de mozzarella (optionnel)
1 c. à thé de ciboulette hachée (optionnel)

Préparation

Battre l'œuf et le lait ensemble à l'aide d'une fourchette ou d'un petit fouet.

Faire chauffer l'huile d'olive à feu moyen dans une poêle antiadhésive.

Ajouter le mélange d'œuf à la poêle, puis incorporer le fromage et la ciboulette en remuant avec une cuillère de bois ou de silicone.

Note : Assurez-vous que l'œuf est bien cuit avant de le servir.

Servir !

Pizza presto

6 portions

L'alimentation est primordiale au cours de la croissance d'un enfant. Elle peut se diviser en trois volets :

I) les aliments ingérés ;

II) l'absorption de ces aliments ;

III) l'élimination.

Les fibres, présentes dans les grains entiers ainsi que dans les légumineuses, les farines entières et les fruits et légumes, sont indispensables dans le processus d'élimination.

Cette pizza, en plus d'être très rapide à préparer, constitue un repas équilibré et une bonne source de fibres.

Ingrédients

¾ de tasse de sauce tomate
1 tasse de fromage râpé (mozzarella ou autre)
1 à 1 ½ tasse de légumes tranchés (oignons, poivrons, champignons, zucchinis, asperges, brocoli, chou-fleur, épinards, ail, tomates, échalotes, poireau… À vous de choisir !)
¾ de tasse de farine de blé entier

½ tasse de farine de blé non blanchie
¼ de tasse de farine de sarrasin
½ tasse d'eau
1 ½ c. à soupe de poudre à pâte
2 c. à soupe d'huile de tournesol
Sel et poivre au goût

Préparation

Préchauffer le four à 400 °F.

Mélanger dans un bol la farine, la poudre à pâte, le sel (modérément), le poivre, l'huile et l'eau.

Étendre la pâte à pizza à l'aide d'un rouleau à pâte, sur une surface plane enduite de farine, puis la transférer sur une assiette à pizza (ou sur une pierre à pizza).

Étendre la sauce tomate sur la pâte, ajouter les légumes, puis le fromage.

Cuire au four de 20 à 30 minutes.

Servir !

Béchamel aux légumes

6 portions

Les jeunes enfants ont tendance à préférer les fromages doux, ce qui explique que la mozzarella soit souvent suggérée dans les recettes. Par contre, vous pouvez la remplacer par un autre fromage qu'aime votre enfant. N'oubliez pas que le fromage est une bonne source de protéines, de calcium, de vitamine D et de zinc.

Ingrédients

2 tasses de crème à 35 %
¾ tasse de fromage râpé (mozzarella ou autre)
¾ tasse de fleurettes de chou-fleur
¾ tasse de fleurettes de brocoli

2 petites pommes de terre bouillies et tranchées
1 c. à soupe d'huile d'olive
1 pincée de noix de muscade moulue
Sel et poivre au goût

Préparation

Préchauffer le four à 350 °F.

Mélanger la crème, la muscade, le fromage, le sel (modérément) et le poivre dans un bol.

Verser l'huile dans un plat allant au four et placer les morceaux de pommes de terre, de brocoli et de chou-fleur.

Verser le mélange à la crème par-dessus et couvrir de papier d'aluminium.

Cuire au four de 40 à 50 minutes ou jusqu'à ce que les légumes soient tendres.

Note : Vous pouvez retirer le papier d'aluminium en fin de cuisson et placer le plat sous le gril pendant quelques minutes pour permettre au fromage de prendre une couleur dorée.

Servir !

Bâtonnets de sole

4 portions

Ingrédients

300 g de sole en filets
½ tasse de lait
½ oignon haché grossièrement
½ tasse de chapelure
1 c. à soupe de farine de blé entier

Sel et poivre au goût
1 œuf
2 c. à soupe d'huile de tournesol
2 ou 3 c. à soupe de beurre

 Préparation

Assurez-vous, à l'aide de vos doigts, que les filets de sole ne présentent aucune arête.

Faire mariner les filets de sole dans un bol avec le lait et l'oignon, de 30 à 60 minutes.

Retirer les filets de la marinade et éponger l'excédent à l'aide d'un papier essuie-tout. Couper les filets en diagonale pour former huit bâtonnets.

Mélanger la chapelure, la farine, le sel et le poivre dans un bol.

Faire chauffer le beurre et l'huile de tournesol dans une poêle.

Recouvrir les morceaux de poisson de panure et les faire cuire dans la poêle jusqu'à ce qu'ils soient dorés et croustillants.

 Servir !

 Note

Vous pouvez accompagner les bâtonnets d'une sauce tomate ou de mayonnaise.

Crêpes

10-12 crêpes

Ingrédients

1 œuf
1 à 1 ½ tasse de lait entier, de lait de riz ou de lait de soya
½ tasse de farine non blanchie
½ tasse de farine de blé entier

1 c. à soupe de sucre
1 pincée de sel
1 c. à thé d'extrait de vanille
beurre

Préparation

Mélanger dans un bol la farine, le sucre et le sel.

Ajouter le lait, l'œuf et l'extrait de vanille, puis battre avec un fouet. (Pour des pancakes, mettre 1 tasse de lait ; pour des crêpes, mettre 1½ tasse.)

Faire fondre un peu de beurre dans une poêle antiadhésive, puis verser une petite louche de pâte à crêpe. Laisser cuire une minute ou deux à feu moyen et tournez la crêpe pour cuire l'autre côté.

Servir avec des fruits et du sirop d'érable, ou encore avec du miel, de la confiture, du Nutella, du dulce de leche… Le choix ne manque pas !

Note : La pâte à crêpe se conserve au réfrigérateur de 2 à 3 jours.

Miel pour crêpe

3-4 portions

Ingrédients

4 c. à soupe de miel
1 pincée de cannelle
1 pincée de cardamome

1 c. à thé d'eau de fleur d'oranger
¼ de tasse de raisins secs, d'abricots séchés hachés ou de figues séchées hachées (optionnel)

Préparation

Porter à ébullition tous les ingrédients dans une petite casserole. Le miel est prêt dès les premiers bouillons.

Servir sur des crêpes avec du yaourt méditerranéen. Pour les adultes, ajouter des pistaches concassées.

Gratin et salade
de tomates

4 portions

Ingrédients

2 pommes de terre bouillies, coupées en tranches
1 poireau coupé en rondelles
½ tasse de crème 15%
½ tasse de lait entier
1 pincée noix de muscade moulue

1 tasse de fromage
Sel au goût
2 tomates
2 c. à soupe d'huile d'olive
4 feuilles de basilic frais, hachées

Préparation

Préchauffer le four à 350 °F.

Placer les rondelles de poireau et les pommes de terre dans un plat allant au four.

Mélanger dans un bol le lait, la crème, la noix de muscade et le sel.

Verser le mélange sur les pommes de terre et le poireau, puis parsemer de fromage. Recouvrir le plat d'un papier d'aluminium.

Cuire au four de 30 à 40 minutes.

Laver et couper les tomates en cubes, puis les placer dans un bol. Ajouter l'huile d'olive, le sel et le basilic frais.

Servir !

Galettes de maïs

4 portions

Coup de foudre pour les enfants! Votre bambin sera heureux de manger ces galettes à l'aide de ses mains.

Ingrédients

½ tasse de farine non blanchie
1 c. à thé de poudre à pâte
1 pincée de paprika doux
1 c. à thé de sucre de canne non raffiné
½ c. à thé de sel
1 œuf
¼ tasse de lait entier
2 épis de maïs cuits

Le quart d'un poivron rouge, jaune ou orange, haché finement
1 échalote, hachée finement
2 c. à soupe de coriandre hachée
2 à 3 c. à soupe d'huile de tournesol
¼ tasse de fromage râpé (mozzarella ou autre) (optionnel)

 ## Préparation

Retirer les grains de maïs des épis à l'aide d'un couteau et réserver.

Mélanger dans un bol la farine, le sel, le sucre, le paprika et la poudre à pâte, puis former un puits.

Dans un autre bol, mélanger le lait et l'œuf à l'aide d'un fouet

Ajouter les ingrédients liquides au mélange de farine et fouetter jusqu'à l'obtention d'un mélange homogène.

Ajouter à la pâte les grains de maïs, le poivron, l'échalote, la coriandre et le fromage, et mélanger.

Faire chauffer l'huile dans une poêle antiadhésive, puis y déposer deux ou trois portions de pâte à l'aide d'une cuillère. Laisser cuire quelques minutes sur un côté et retourner pour cuire l'autre côté. (Ajouter une cuillerée d'huile si nécessaire.)

Servir !

Note

Vous pouvez accompagner ces galettes d'une salade de carottes râpées avec un peu de mayonnaise !

Croustade
de fin d'été

8 portions

Ingrédients

4 pêches
2 pommes
2 poires
1 tasse de farine de blé entier,
d'épeautre ou d'avoine
⅓ de tasse de flocons d'avoine
½ tasse + 1 c. à soupe de beurre non salé, froid

⅓ de tasse + 1 c. à soupe de sucre
de canne non raffiné
1 c. à thé d'extrait de vanille
2 c. à soupe d'eau
½ c. à thé de cannelle moulue
1 pincée de sel
Le zeste d'une orange

Préparation

Préchauffer le four à 350 °F.

Laver et couper les pommes et les poires, puis en enlever le tronçon. Retirer le noyau des pêches.

Placer les fruits dans un plat beurré allant au four (avec 1 c. à soupe de beurre). Verser l'eau et l'extrait de vanille. Saupoudrer les fruits d'une c. à soupe de sucre.

À l'aide du robot culinaire, mélanger la farine, le beurre, le sucre, le sel, la cannelle et le zeste d'orange (le mélange doit présenter une texture granuleuse).

Saupoudrer les fruits du mélange sec et enfourner.

Cuire au four de 30 à 40 minutes.

Servir avec du yaourt à la vanille ou de la crème glacée.

Quesadillas au fromage et aux zucchinis

4 portions

Ingrédients

2 tortillas au blé (farine blanche ou au blé entier)
⅔ de tasse de fromage râpé
(mozzarella ou autre)
1 zucchini râpé

2 c. à thé de beurre
1 tomate mûre
1 c. à thé d'huile d'olive

Préparation

Laver, couper et épépiner la tomate.

Passer la tomate au mélangeur avec l'huile d'olive pour faire une petite salsa.

Faire fondre 1 c. à thé de beurre dans une poêle à température moyenne et y placer la tortilla.

Ajouter le fromage et le zucchini râpés sur toute la surface de la tortilla.

Couvrir avec l'autre tortilla et laisser cuire à feu moyen 1 ou 2 minutes.

Avec une spatule, soulever la quesadilla, ajouter l'autre c. à thé de beurre et retourner la quesadilla pour la faire cuire de l'autre côté. Laisser dorer quelques minutes.

Couper en quatre et servir avec la salsa!

Le fromage est une bonne source de calcium et de vitamine D, des éléments nutritifs qui aident au développement des os et des dents. Le fromage contient aussi du zinc, un minéral essentiel à la croissance et à l'équilibre du système immunitaire.

Salsa olé

6 portions

Ingrédients

2 tomates
2 c. à soupe d'oignon rouge haché finement
1 c. à soupe d'huile d'olive
½ mangue mûre coupée en petits cubes
1 c. à soupe de coriandre hachée

1 c. à thé de menthe fraîche hachée (optionnel)
1 c. à thé d'huile de piment d'Espelette (optionnel)
Poivre et sel au goût

Préparation

Laver, couper et épépiner la tomate.

Passer la tomate au mélangeur avec l'huile d'olive et transvaser dans un bol.

Ajouter la mangue, l'oignon rouge, la coriandre fraîche, l'huile de piment d'Espelette, la menthe, le sel et le poivre.

Servir !

Accompagnez les quesadillas d'une salsa moins traditionnelle !

Pâté chinois fusion

6 portions

Mon neveu Adam, 15 mois, en redemande toujours une deuxième portion, et même une troisième !

Ingrédients

2 tasses de purée de patates douces
2 tasses de purée de pommes de terre
2 c. à soupe de beurre
1 ¼ tasse de fromage râpé (mozzarella ou autre)
1 botte d'échalotes hachées
1 tasse de maïs en grains
½ paquet de tofu coupé en petits cubes (225 g)

3 c. à soupe d'huile de tournesol
1 pincée de curcuma
1 pincée de cannelle moulue
1 pincée de noix de muscade moulue
¼ tasse de crème à 35 %
Sel et poivre au goût

Préparation

Préchauffer le four à 350 °F.

Voir recette de purée de pomme de terre p. 24
Ajouter 1 c. à soupe de beurre et ¾ de tasse de fromage râpé à la purée de pommes de terre. Mélanger et réserver.

Voir recette de purée de patate douce p. 24
Ajouter une c. à soupe de beurre à la purée de patates douces. Mélanger et réserver.

Le TOFU
Faire chauffer l'huile de tournesol dans une poêle et y faire revenir l'échalote pendant quelques minutes.

Ajouter le tofu, le curcuma, la cannelle, la noix de muscade et le sel dans la poêle et laisser cuire quelques minutes en mélangeant. Ajouter le maïs.

Dans un plat allant au four, disposer :

1. la purée de patates douces à la base ;
2. le mélange de tofu au milieu ;
3. la purée de pommes de terre ;
4. la crème et le reste du fromage sur le dessus.

Cuire au four 20 minutes.

Servir !

Note

Les purées ne doivent pas être coulantes pour cette recette, sinon le pâté chinois ne gardera pas sa forme lorsque vous le servirez.

Pilaf de quinoa et tofu

4 portions

Le quinoa, le roi des grains andins, est très nutritif, facile à digérer et délicieux ! Il constitue une bonne source de calcium, de fer et de protéines végétales. Voici un repas végétarien complet, prêt en 20 minutes !

Miam !

Ingrédients

1 botte d'échalotes hachées
½ tasse de carottes râpées
⅓ de tasse de raisins secs
¼ paquet de tofu (115 g)
¼ tasse de persil haché
1 tasse de quinoa royal

1 verre d'eau
2 c. à soupe d'huile d'olive
½ tasse de jus d'orange
1 pincée de curcuma
1 pincée de cannelle
Sel au goût

Préparation

Dans une petite casserole, porter à ébullition l'eau, le jus d'orange, les raisins et le quinoa. Laisser cuire à feu vif jusqu'à ce que le quinoa ait absorbé toute l'eau (environ 15 minutes).

Une fois le quinoa cuit, le transvaser dans un bol.

Faire chauffer l'huile d'olive dans une poêle et y faire revenir les échalotes pendant quelques minutes.

Ajouter le tofu, le curcuma, la cannelle et le sel dans la poêle et laisser cuire quelques minutes en remuant de temps à autre. Ajouter les carottes râpées.

Disposer le contenu de la poêle dans le bol de quinoa, ajouter le persil haché, mélanger et assaisonner au goût.

Servir !

Crème de chou-fleur

6 portions

Ingrédients

1 pomme de terre (Yukon Gold)
1 petite tête de chou-fleur
1 oignon
½ bulbe de fenouil
1 carotte (optionnel)

4 tasses (1 L) de bouillon de légumes
½ tasse de crème à 35 %
2 c. à soupe d'huile de tournesol
1 c. à soupe de sirop d'érable
½ tasse de mozzarella râpée (optionnel)

Préparation

Éplucher et hacher l'oignon.

Laver et hacher le fenouil.

Faire revenir à feu doux, dans une casserole, le fenouil et l'oignon avec l'huile de tournesol et le sirop d'érable. Garder la casserole couverte pendant 20 minutes en remuant de temps à autre.

Éplucher, laver et couper la pomme de terre et la carotte. Laver et tronçonner le chou-fleur. Placer le tout dans une passoire.

Ajouter la pomme de terre, la carotte et le chou-fleur une fois l'oignon et le fenouil caramélisés ; laisser dorer quelques minutes.

Ajouter le bouillon de légumes et faire bouillir 20 minutes ou jusqu'à ce que les légumes soient tendres.

Passer la soupe au mélangeur avec la crème et le fromage.

Servir !

Mijoté de poulet

4 portions

 **Ingrédients**

300 g de poitrine de poulet
1 tasse de cubes de courge musquée
½ bulbe de fenouil
1 oignon
1 panais

1 patate douce
3 ou 4 topinambours
1 ½ tasse d'eau
1 pincée de curcuma
Sel

 Préparation

Laver, éplucher et couper grossièrement les légumes.

Faire revenir les légumes dans l'huile d'olive avec le sel et la pincée de curcuma pendant 10 minutes.

Ajouter l'eau et laisser mijoter.

Couper la poitrine de poulet en quatre, ajouter les morceaux dans la casserole et couvrir.

Cuire à feu doux pendant 1 à 2 heures, dépendamment du temps dont vous disposez.

Servir !

Délice de l'automne !

Arroz con leche

6 portions

Ce dessert est une bonne source
de protéines, vu la quantité
de lait utilisée, et contient peu
de sucre raffiné puisque nous
avons choisi d'y ajouter notre
merveilleux sirop d'érable.

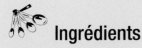

Ingrédients

⅓ de tasse de riz arborio
5 tasses de lait entier
2 c.à thé de sucre de canne non raffiné
1 pincée de sel

1 c. à thé d'extrait de vanille (ou ¼ de gousse de vanille, fendu en deux)
¼ de tasse de raisins secs (optionnel)
Le zeste d'un citron ou d'une orange (optionnel)
Cannelle (optionnelle)

Préparation

Verser le lait dans une casserole de taille moyenne et porter à ébullition.

Rincer le riz et l'ajouter à la casserole. Réduire la température pour obtenir un doux frémissement. Remuer régulièrement (toutes les 5 minutes) pendant 30 à 40 minutes ou jusqu'à l'obtention d'un mélange onctueux.

Ajouter le sucre, la vanille ainsi que les raisins secs, le zeste et la cannelle.

Verser le mélange dans de petits bols individuels, puis ajouter un filet de sirop d'érable.

Servir froid ou tiède !

Pain perdu repas

4 portions

Repas rapide et sympathique !

Ingrédients

5 œufs
4 grosses tranches de parisien ou de baguette
(de farine blanche ou au blé entier)
1 tasse de sauce tomate

¾ de tasse de lait
⅓ de tasse de fromage mozzarella râpé
1 pincée de sel

Préparation

Retirer la mie du centre de chaque rondelle de pain. Conserver la croûte entière.

Dans un bol, battre 1 œuf, le sel et le lait. Faire tremper les tranches de pain de 5 à 10 minutes de chaque côté ou jusqu'à ce que la tranche ait ramolli un peu.

Faire chauffer la sauce tomate dans une poêle antiadhésive.

Placer les tranches de pain sur la sauce tomate et casser un œuf à la fois dans le trou créé lorsqu'on a enlevé la mie du pain.

Parsemer de fromage, couvrir et laisser cuire à feu moyen pendant quelques minutes, jusqu'à ce que les œufs soient cuits.

Servir !

Note

Vous pouvez accompagner ce repas de légumes cuits
à la vapeur (ex. : chou-fleur, brocoli, zucchini).

Velouté de panais
et de betteraves

4 à 5 portions

Une soupe rose, c'est drôle! Celle-ci est bourrée d'antioxydants et de minéraux pour garder le système immunitaire en santé pendant nos longs mois d'hiver.

Ingrédients

· ·

1 botte d'échalotes
4-5 panais
2 petites betteraves

4 tasses de bouillon de légumes
ou de bouillon de poulet
2 c. à thé d'huile de tournesol
Yaourt méditerranéen (optionnel)

 ## Préparation

· ·

Porter le bouillon à ébullition dans une casserole.

Laver, éplucher et couper grossièrement les panais, les betteraves et les échalotes. Note : Utiliser la partie blanche du bulbe de l'échalote pour mettre dans le bouillon ; hacher et réserver la partie verte.

Ajouter les légumes au bouillon et laisser mijoter de 20 à 30 minutes ou jusqu'à ce que les légumes soient tendres.

Faire revenir la partie verte des échalotes avec l'huile dans une poêle pendant quelques minutes.

Passer la soupe au mélangeur.

Servir avec une c. à soupe de yaourt méditerranéen et les échalotes poêlées !

Gnocchis à la crème et aux poireaux

4 portions

Ingrédients

150 ml de bouillon de poulet ou de légumes
100 ml de crème à 35 %
1 gros poireau
225 g de gnocchis

2 c. à soupe d'huile d'olive
Sel et poivre au goût
Parmesan râpé (pour les adultes)

Préparation

Laver et couper le poireau en fines rondelles.

Faire dorer le poireau dans une poêle à sauter avec de l'huile d'olive pendant 5 minutes.

Ajouter le bouillon et la crème, puis laisser mijoter à feu doux de 20 à 30 minutes.

Faire bouillir de l'eau dans une grande casserole et ajouter les gnocchis. Ils cuisent en quelques minutes ; ils sont prêts quand ils flottent à la surface.

Essorer les gnocchis à l'aide d'une passoire et les ajouter à la sauce.

Servir !

Couscous au lait et aux fruits secs

5 à 6 portions

Pour commencer du bon pied lors des froids matins d'hiver ! Ce couscous laissera votre petit amour énergisé pendant toute la matinée en lui fournissant glucides (le couscous), protéines (le lait), fer et potassium (les fruits secs) et des fibres.

Ingrédients

1 tasse de couscous minute
(à grains entiers si possible)
3 tasses de lait entier
¼ de tasse d'abricots secs non sulfurisés, hachés
(vous pouvez les trouver dans les magasins de
produits naturels)

¼ de tasse de figues séchées, hachées
¼ de tasse de raisins secs golden, hachés
1 soupçon de cannelle (optionnel)
Sirop d'érable (optionnel)
Noix de Grenoble (pour les adultes)

Préparation

Suivre les instructions du fabricant pour préparer le couscous minute.

Porter le lait à ébullition, puis le retirer du feu dès les premiers bouillons. Ajouter les fruits secs et couvrir ;
laisser reposer pendant 5 minutes.

Servir le couscous accompagné de lait aux fruits secs dans un bol, ajouter un soupçon de cannelle et un
filet de sirop d'érable.

Miam !

Lasagne pour les petits

6 portions

Le mélange de béchamel aux épinards et de sauce tomate à la dinde rend cette lasagne nutritive et absolument irrésistible pour les enfants.

Ingrédients

300 g de dinde hachée
¼ de tasse d'épinards congelés
(¾ de tasse d'épinards frais)
1 carotte râpée
1 oignon
1 ½ tasse de sauce tomate
1 tasse de lait

¼ tasse de farine
¾ tasse de mozzarella râpée
6-10 languettes de lasagne précuite
2 c. à soupe d'huile de tournesol
1 pincée de noix de muscade
Sel et poivre au goût

Préparation

Faire revenir l'oignon dans une poêle avec l'huile de tournesol.

Ajouter la dinde hachée, le sel, le poivre et la carotte râpée, puis laisser cuire de 7 à 10 minutes à feu moyen, en remuant de temps à autre.

Dans un bol, à l'aide d'un fouet, mélanger la farine, l'eau et une pincée de sel.

Faire chauffer dans une petite casserole, à feu doux, le mélange de lait avec ¼ de tasse de fromage et les épinards. Remuer constamment. Quand le mélange épaissit, cuire 2 à 3 minutes de plus, et ajouter la pincée de noix de muscade à la fin.

Dans un moule à pain (rectangulaire), disposer :

1. une base de sauce tomate ;
2. une languette de lasagne ;
3. de la sauce tomate et du mélange de dinde ;
4. une languette de lasagne ;
5. une couche de béchamel ;
6. une languette de lasagne ;

Répéter et parsemer la dernière couche du fromage.

Cuire au four selon les directives des languettes de lasagne précuites.

Servir !